Friedrich Rolle

Erläuterungen und Profile zur geologischen Karte

der Umgebungen von Bellinzona im Kanton Tessin und von Chiavenna in Italien

Friedrich Rolle

Erläuterungen und Profile zur geologischen Karte
der Umgebungen von Bellinzona im Kanton Tessin und von Chiavenna in Italien

ISBN/EAN: 9783743304116

Hergestellt in Europa, USA, Kanada, Australien, Japan

Cover: Foto ©ninafisch / pixelio.de

Manufactured and distributed by brebook publishing software
(www.brebook.com)

Friedrich Rolle

Erläuterungen und Profile zur geologischen Karte

BEITRÄGE

ZUR

GEOLOGISCHEN KARTE DER SCHWEIZ

HERAUSGEGEBEN VON DER GEOLOGISCHEN COMMISSION DER SCHWEIZ. NATURFORSCHENDEN GESELLSCHAFT

AUF KOSTEN DER EIDGENOSSENSCHAFT

DREIUNDZWANZIGSTE LIEFERUNG

DAS SÜDWESTLICHE GRAUBÜNDEN UND NORDÖSTLICHE TESSIN

ENTHALTEN AUF BLATT XIX DES EIDGEN. ATLAS

VON

Dr. FRIEDRICH ROLLE

BERN
IN COMMISSION BEI J. DALP (K. SCHMID)
1881

Die geologische Commission erklärt, dass die Verfasser allein verantwortlich sind für den Inhalt ihrer Abhandlungen und die Richtigkeit der sie begleitenden Karten und Profile.

ERLÄUTERUNGEN UND PROFILE

ZUR

GEOLOGISCHEN KARTE

DER

UMGEBUNGEN VON BELLINZONA IM KANTON TESSIN

UND VON

CHIAVENNA IN ITALIEN

VON

Dr. FRIEDRICH ROLLE

(Beiträge zur geologischen Karte der Schweiz, herausgegeben von der schweiz. naturforschenden Gesellschaft auf Kosten der Eidgenossenschaft. Dreiundzwanzigste Lieferung. Das südwestliche Graubünden und nordöstliche Tessin.)

BERN
IN COMMISSION BEI J. DALP (K. SCHMID)
1881

Vorwort.

Die folgenden Bogen geben eine gedrängte Erläuterung der geologischen Verhältnisse im Gebiete des Blatts XIX des Dufour-Atlasses, welches ich in den Jahren 1875, 76, 77, 78, 79 im Auftrag der schweizerischen geologischen Commission bereiste.

Von Vorarbeiten konnte ich namentlich nur die diesen Theil der Alpen behandelnden Werke der Herren B. *Studer*, A. *Escher*, G. *Theobald* und G. *vom Rath* benutzen, auf die im Text an geeigneter Stelle zurückverwiesen wird.

Zwei kleinere Werkchen, das eine über die geologischen Verhältnisse der Landschaft Chiavenna, das andere über die mikropetrographische Beschaffenheit einer Anzahl von Gesteine aus den rhätischen Alpen, sind dieser Veröffentlichung in den Jahren 1878 und 1879 schon vorausgegangen und wird aus denselben hier das Wichtigere kurz wiederholt.

Neu ist der hier erbrachte Beweis, dass die Massive in einer Art von organischer Gliederung zu einander stehen und gleichsam wie Schuppen eines Panzers sich zu einander verhalten, was nur mit der Faltungstheorie in Einklang zu bringen ist.

Homburg vor der Höhe, Juli 1881.

Dr. **Friedr. Rolle.**

Inhalt.

	Seite
Vorwort	V
Einleitung	1
Die geologische Zusammensetzung und die Reihenfolge der Formationen	6
Die Massive	17
Das Gotthardmassiv	20
Das Tessiner Massiv	21
Das Rossgebirge	35
Das Liro-Massiv	37
Erklärung der Tafeln (Taf. I—IX)	43

Einleitung.

Das Blatt XIX des vom eidgenössischen Generalstab herausgegebenen sogenannten Dufour-Atlasses, Umgebungen von Bellinzona und Chiavenna, begreift das hohe, von meistens steilwandigen, engen Thälern und Schluchten durchzogene Gebirgsland vom Fusse des St. Gotthard und Airolo im Nordwesten, bis Locarno am Lago Maggiore oder Langensee im Südwesten, Ferrera und Avers im Nordosten und der unteren Adda (dem Veltlin) und dem Comersee im Südosten. Der Maßstab der Karte ist $\frac{1}{100,000}$, also dass 10 Millimeter derselben eine Länge von einem Kilometer darstellen. Der Flächenraum umfasst etwa 54 geographische Quadratmeilen. Im Norden stösst Blatt XIX an Blatt XIV: Altorf, Chur; im Westen an Blatt XVIII: Brieg, Airolo; im Süden an Blatt XXIV: Lugano, Como (geologisch colorirt von den Herren *Spreafico, Negri* und *Stoppani*, beschrieben von *T. Taramelli*); im Osten an Blatt XX: Sondrio, Bormio (geologisch colorirt und beschrieben von *G. Theobald*).

In politischer Hinsicht gehört dieses Gebiet zum grösseren Theile der Schweiz, zum geringeren Theile im Südosten der Lombardei an. Ein sehr schmaler Streifen im Nordwesten (Pusmeda, Giubing) oberhalb Airolo zählt zum Kanton Uri. Der Kanton Tessin ist mit seinem nördlichen Theile (sopra Cenere) fast ganz auf Blatt XIX dargestellt. Zu Graubünden gehört ausser einem sehr schmalen Streifen am Lukmanierpass das ganze Gebiet im Norden und Osten vom Rheinwaldhorn (Piz Valrhein), im Norden vom Splügenpass (Passo della

Splügal und von da im Südosten bis Castasegna im untern Bergell (Val Bregaglia, Mairathal). Vom italienischen Gebiet im südöstlichen Theile der Karte gehört das Meiste zur Landschaft Clefen (Cläven, Mandamento di Chiavenna), eine kleinere Strecke im Süden aber zum Veltlin (la Valtellina) und zur Provinz Como. Piemontesisches Gebiet wird nicht erreicht. Es beginnt aber nahe im Westen auf dem Kartenblatt XVIII (Brieg und Airolo), und zwar zu Bagni di Craveggia im Val Onserunone, 5 Kilometer im Westen vom Rand des Blatt XIX und weiter im Süden von da, wo an der Ribellasca die Landesgrenze nahezu auf die Grenze von XVIII und XIX fällt.

In hydrographischer Hinsicht gehört von Blatt XIX der kleinere nördliche Theil (noch unter ein Fünftel) zum Flussgebiet des Rheins, nämlich, ausser den zwei schon genannten schmalen Streifen Landes oberhalb Airolo und am Lukmanier, das Land im Norden vom Rheinwaldhorn, dem Bernhardinpass, dem Pizzo Tambo, dem Splügenpass, dem Pizzo Suretta, Pizzo Stella und Pizzo Gallegione. Auf diesem Flussgebiete des Rheins herrscht theils deutsche, theils romanische Sprache, italienische nur im obern Val Arcue und im ganzen Val di Lei. Die tiefste Stelle des dem Rhein zustehenden Gebietes fällt zwischen Splügen (1450 M.) und Sufers (Blatt XIV, 1424 M.).

Dem Po-Gebiet gehören $4/5$ vom Blatt XIX an, und zwar fallen hier die Wasser im Westen dem Tessin und der Moësa (Lago Maggiore oder Langensee 197 M.) und im Osten der Maira und Adda zu (Lago di Como 190 oder 213 M. Meereshöhe). Die Grenze des Tessin- und des Adda-Gebiets zieht vom Pizzo Tambo als hohe, schwer übersteigbare Firste in Süden über Passo della Forcola (2217 M.) und Passo di San Jorio (1956 M.). Im ganzen Tessin- und Adda-Gebiet herrscht die italienische Sprache.

Nach der ältern auf Völkerwohnsitze und auf Angaben römischer Schriftsteller gegründeten Eintheilung der Alpen unterscheidet man im Bereich von Blatt XIX Lepontiner Alpen im Westen und Rhätische Alpen im Osten. Aber die Scheidung derselben ist auf eine gewisse Strecke unsicher und wird bald auf dominirende Gipfel, bald auf Pässe verlegt. Schwankend ist hier namentlich die Strecke des Hauptgebirgskamms vom Rheinwaldhorn bis zum Tambohorn und zum Splügenpass. Die Herren *Escher* und *Studer* (1839) nehmen als Grenze das Rheinwaldhorn und den von diesem in Süden verlaufenden Gebirgsarm an, was vieles für sich hat.[1]

Die von den Alten überlieferte Bezeichnung Adula wird von vielen Schriftstellern gleichfalls auf den durch das Rheinwaldhorn bezeichneten Gebirgsstock bezogen, ist aber nicht mehr sicher festzustellen und kann auch den ganzen Kamm vom St. Gotthard an bis gegen das Stilfser Joch (Addaquellen) bedeutet haben. Professor *Studer* (1851) versteht unter der Bezeichnung Adulagebirg den Gebirgsstock des Rheinwaldhorns oder das Rheinwaldgebirge bis zum Splügenpass, mit dem von ersterem abgehenden meridianen Gebirgskamm. Das topographische Blatt 504 (Olivone) des eidgenössischen Generalstabs hat darnach auch eine Einsenkung dicht im Norden vom Rheinwaldhorn als Adula-Joch bezeichnet.

Noch spärlicher sind die geographischen Benennungen im Süden der Wasserscheide. Die Italiener pflegen das zum Theil noch auf Blatt XIX, zum Theil auf Blatt XX fallende Gebirge im Osten vom Comersee und im Süden von der Adda als Orobisches Gebirg, le prealpi Orobie zu bezeichnen.

Nach dieser allgemeinen Uebersicht können wir zur Erörterung der geologischen Zusammensetzung und der Grundzüge des geologischen Baues der Gebirge im Gebiet von Blatt XIX und namentlich der in demselben zu unterscheidenden Massive oder geologischen Stöcke übergehen, deren Unterscheidung von den Herren *Escher* und *Studer* ausgeht und deren erste Begründung schon in ihrer geologischen Beschreibung von Mittelbünden (1839) niedergelegt ist.

Ich finde es geeignet, hier Einiges über die Massive der Alpen überhaupt und meine persönliche Stellungnahme zu diesem Gegenstand einzuschalten, der einer sehr verschiedenen subjectiven Auffassung fähig und noch weit vom endgültigen Abschluss entfernt ist.

---

[1] *A. Escher* und *B. Studer*, geologische Beschreibung von Mittelbünden. 1839. Seite 13 und 14.
  B. Studer, Geologie der Schweiz. Bd. I. 1851. Seite 242.

Ueber den Bau und die Entstehung der mächtigen krystallinischen Massive oder der in mehr oder minder gestreckten Umrissen zu Tage tretenden, von jüngeren Gebilden mehr oder minder zusammenhängend umlagerten älteren Kernmassen der Alpen herrschen heutzutage noch verschiedene Ansichten. Der Grund liegt zunächst darin, dass das ganze Gebiet überhaupt schwer zu übersehen ist und die Special-Geologen gewöhnlich nur eine mehr oder minder kleine Strecke desselben kennen lernen. (Ich selbst kenne von der ausgedehnten Alpenkette ausser dem Gebiet von Blatt XIX, Umgebungen von Bellinzona und Chiavenna, nur einen Theil von Steiermark, von Judenburg bis Cilli, mit nur einem einzigen wohlausgebildeten Massiv, dem des Bacher.) Ueberhaupt aber wird das krystallinisch umgewandelte Gebirge in Bezug auf Bau und Entstehung sich nie so klar entziffern lassen, wie die jüngeren und versteinerungsführenden Formationen. Und diese letzteren fehlen in typischer Erhaltung manchen Massiven ganz oder erscheinen doch so metamorphosirt, dass sie manchem Zweifel Raum lassen.

Meiner Ansicht nach ist die Alpenkette ein vielfach zusammengesetztes **Faltungsgebirg** und besteht aus mehr oder minder ausgeprägten Massiven, wie auch aus ausgedehnten, wie es scheint meist randlichen Gebieten, die wenig oder gar nicht die bezeichnenden Massivcharaktere hervortreten lassen und eigentlich eine andere Bezeichnung verdienen, die aber schwer zu treffen sein wird, da sie unter einander nur Weniges gemeinsam haben dürften. Ausgeprägte Massive sind engere, deutlicher umgrenzte, mehr oder minder durch tiefgehende Wirkung der gebirgsbildenden Energie ausgezeichnete Gebiete, die sich auch lebhafter dem Auge aufdrängen. Es sind aus der Tiefe hervorgepresste Faltengruppen, mit bald deutlicher Mulden- und Sattelbildung, namentlich muldenförmig gestalteten Grenzzonen, bald mit noch tiefer gehenden Störungen, die auch Mulden und Sättel in zum Theil räthselhafter Weise entstellt haben.

Wie die ursprüngliche Form der Massive war, ist auch nur noch unvollständig zu ermitteln. Einerseits bleibt immer in Frage, ob eine Gestaltung die Folge einer einmaligen Energie der Gebirgsbildung ist, oder ob in derselben die Wirkungen verschiedener Gewaltäusserungen zu sehr verschiedenen geologischen Epochen sich angehäuft haben.

Andererseits wurden die Massive seither durch die atmosphärilische Abtragung, Gesteinsverwitterung und Thalbildung, beträchtlich verändert und erniedrigt, namentlich die Sättel ihrer Firsten beraubt. Wir werden auch über die Art und Mächtigkeit der abgetragenen Theile mehr oder minder auf Hypothesen angewiesen bleiben, namentlich wo degradirende Festland-Epochen zwischen schichtenbildende Epochen von tiefem Stand desselben Gebiets sich einschalteten, also Hebungen und Senkungen abgewechselt haben.

Sicher aber ist, dass in den Massiven von Graubünden, Chiavenna und Tessin theils eine dem Hauptzuge der Alpen parallel laufende normale Faltung, theils zufolge von seitlicher Stauung der Bewegung eine den Zug der Alpen überkreuzende Faltung statt hatte, so dass das Streichen der Schichten in einem Gebiet oft zu dem der benachbarten in rechtem Winkel verläuft. Die Herren *Escher* und *Studer* haben schon 1839 diese Abwechslung im Streichen, die vom Gneisse bis zum Bündner Schiefer sich erstreckt, mehrfach auseinandergesetzt. Wir werden weiter unten sehen, dass sie dem Nordrand der Massive angehört und die Faltungstheorie, wenn sie überhaupt noch in Zweifel steht, über allen Zweifel erhebt, indem sie einen gegliederten Zusammenhang gewisser benachbarter Massive herausstellt, der nur durch die Annahme eines zusammengesetzten Faltungsvorgangs zu erklären ist.

Die geologische Zusammensetzung und die Reihenfolge der Formationen.

Weitaus den grössten Flächenraum im Gebiete von Blatt XIX nimmt I. Der **Gneiss** ein und stellt auch jedenfalls die älteste in diesem Gebiet zu Tag austretende Formation dar. Er nimmt namentlich die ganze Mittelregion der Osthälfte und die Mitte und fast den ganzen Süden auf der Westhälfte ein. Er erscheint auch hier in seiner Oberflächenverbreitung fast nur durch weit jüngere, diluviale und alluviale, Ablagerungen in Thälern und an flachen Gehängen unterbrochen.

Die sowohl im Norden als im Süden dieses ausgedehnte Gneissgebiet bald in breiteren, bald in schmäleren Zonen umsäumenden nächst-jüngeren Auflagerungen von Hornblendegneiss, Glimmerschiefer, sekundären Kalken und Dolomiten u. s. w. lassen aber keinen Zweifel daran, dass der Gneiss im Verlaufe einer langen Reihe von geologischen Epochen von jüngeren Formationen überdeckt war und erst allmälig oder stufenweise durch Erhebung und durch nachfolgende Abtragung der jüngeren Decken wieder zur Oberfläche gelangte.

Wann dieser Vorgang begann, ist für das Gebiet von Blatt XIX kaum näher zu ermitteln. Es ist aber wahrscheinlich, dass zur Zeit der Steinkohlenformation und des Verrucano schon ein ausgedehntes Festlandgebiet von Gneiss und andern krystallinischen Schiefern bestand, dass Abtragungen auf ihm stattfanden und an seinem Nord- und Südrand jüngere Gesteinslager abgesetzt wurden. Auf Blatt XXIV kommt hier das pflanzenführende Conglomerat der Steinkohlenformation zu Manuo, nordwestlich von Lugano in Betracht. Prof. *Taramelli* beschrieb es 1880.

Auf Blatt XIX treten zunächst umgewandelte krystallinisch gewordene Gesteine, die ich mit *G. Theobald* als Verrucano-Aequivalente betrachte, in den Vordergrund, deren Altersverhältniss aber nicht genauer festzustellen ist. Ihnen folgen Kalk- und Dolomitmassen, jedenfalls marinen Ursprungs, und offenbar zum grössten Theile Tiefsee-Absätze, die ich mit *G. Theobald* als umgewandelte Triaskalke betrachte. Ob diese ursprünglich das ganze ausgedehnte Gneissgebiet bedeckten und von demselben streckenweise erst durch spätere Abtragung, Degradation durch die Atmosphärilien, verschwanden, ist ein Problem, welches verschiedene Geologen verschieden deuten. Für mich ist es für die östliche Gegend, beiläufig bis zum Meridian von San Bernardino und Mesocco, wahrscheinlich, für den Westen noch nicht völlig spruchreif, worüber weiter unten noch Näheres.

Der Gneiss enthält eine Reihe von anderen Gesteinen in mehr oder minder untergeordneten Lagern.

1) Glimmerschiefer wechselt hie und da mit Gneiss.

2) Häufig sind Uebergänge von Gneiss in Granit, die den sogenannten Lagergranit darstellen, wie z. B. bei San Bartolomeo im Val Verzasca die Karte XIX ein solches angibt.

Granit in einem mächtigen, dem Streichen des Gneisses folgenden Zug, der bis zu 3 Kilometer Breite erlangt, erscheint in der Codera und streicht bei Riva, Novate und Campo zur Ebene der Maira und des Mezzolasees aus. Er zeigt hier und an der Westseite des Sees (Capelle San Fedele) Merkmale eruptiver Entstehung oder doch zum mindesten den Charakter einer Gangbildung. Er führt nämlich hier zahlreiche Schollen anderer krystallinischer Gesteine, die sogar stellenweise dicht gedrängt erscheinen (siehe Taf. 6, Fig. 17). Weiter im Osten scheint dieser Granit unmerklich in undeutlich geschichteten Granitgneiss zu verlaufen und die Einschlüsse von Schollen anderer krystallinischer Gesteine fehlen schon vom Dorfe Codera an.

Die Entstehung dieses Granits ist also einigermassen problematisch. Im Westen trägt er Merkmale einer Gangbildung, sei es nun eines eruptiven Gangs oder einer von oben her durch Gesteinsmaterial erfüllten Kluft; im Osten geht er in geschichteten granitischen Gneiss über, der einem gewöhnlichen hochgradig umgewandelten Gneiss ganz gleich kommt.

Bei der abschreckenden Steilheit des Gebirgs von Novate bis Codera und der Schwierigkeit der Zugänge wird dies Granitgebiet auch für spätere Besucher eine schwer zu lösende Aufgabe bleiben. Vergleiche auch *Studer*'s Angaben in der Geologie der Schweiz (Uebergang von Somaggia nach Codera, Bd. I, S. 286.)

3) Dünne Lager von Schriftgranit (Pegmatit), selten über ein Meter mächtig, sind häufig in manchen Partien des Gneissgebietes und auf der Karte nicht angegeben.

4) Untergeordnete Lager von schwarzem Hornblendeschiefer (Amphibolit) sind häufig im Gneiss, unter anderm bei Grono, in Val Calanca und in der westöstlichen Strecke von Bellinzona über Locarno durch Val Centovalli, auf welchem Zug sie hie und da von Lagern von körnigem Kalk begleitet erscheinen.

5) Unter ganz ähnlichen Verhältnissen wie der Hornblendeschiefer erscheinen im Gneiss Lager von Serpentin, z. B. im Ursprung von Val Traversagna und im Lirothal zwischen da und Gravedona. Aehnliche nicht näher festgestellte Gesteine erscheinen zu Sementina (im Westen von Bellinzona) auch in Centovalli und im Val dei Ratti. Ferner erscheinen Lager von Lavez in sehr verschiedenartiger Zusammensetzung, im Westen von Soazza (Val Mesocco), im Westen von Aurigeno (Val Maggia) und an der Croso-Alp im Westen von Peccia (bereits auf Blatt XVIII). Ferner ein Lager von weissem Strahlsteinfels mit Enstatit im Riale Polone (nordöstlich von Verdabbio, Val Mesocco). Diese zum Theil in ihrer Zusammensetzung einzigen Gesteine verdienen noch besondere monographische Bearbeitung und manche Lager stellen neue vielleicht noch nicht benannte Felsarten dar.

6) Lager von körnigem Kalk (weisser Marmor) erscheinen im Gneiss in theils mehr, theils minder ansehnlicher Mächtigkeit, so an mehreren Stellen von Grono und Roveredo an über Bellinzona bis Locarno und Ascona, ferner zu Rossa im Val Calanca, ferner zu Frascò im Val Verzasca u. a. O.

Das nächst jüngere Gestein nach dem Gneiss ist im Gebiet von Blatt XIX:

II. Der **Hornblendegneiss** (Syenitgneiss). Er bildet eine zum Theil sehr mächtige, stellenweise aber auch stark verschmälerte westöstliche Zone zwischen Gneiss und Glimmerschiefer.

Er erscheint am breitesten an der Nordseite des Veltlins, oberhalb von Cercino und Cino und von da bis zur Ebene des Mezzolasees. Im Westen von dieser legt sich derselbe Zug in schmälerer Fortsetzung wieder an und streicht dann weit in Westen über Livo und Carena bis Melirolo (Val Morobbia), wo er sich unter schwer zu bestimmender Veränderung der Lagerungsverhältnisse, vielleicht in Folge einer Verwerfung, verliert. Von Cercino im Veltlin bis Melirolo unweit Bellinzona hält der Hornblendegneiss in ungewöhnlicher Gleichförmigkeit mit westöstlichem Streichen auf die weite Erstreckung von 35—36 Kilometer an.

Während man das Hornblendegneisslager bei Melirolo und Velano unversehens verliert, erscheint es, wenn ich mich nicht irre, 4 Kilometer weiter im Norden bei Arbedo wieder und streicht hier breit und mächtig zur Thalebene des Tessin aus. Auffallender Weise fehlt alle und jede Fortsetzung desselben im Westen des Tessin, als wie wenn der Tessin hier einer Kluft entspreche und das Gebirge westlich vom Tessin gehoben und abgetragen sei. Nähere Andeutungen fehlen. Ich muss die Lösung in Schwebe lassen.

Etwa 20 Kilometer im Norden vom Hornblendegneiss des Veltlins erscheint am Südabhang des Mairathals oder Bergells (Val Bregalga), von Bondo (Blatt XX) in Westen bis Chiavenna streichend, ein mächtiger Zug von schwarzem Hornblendeschiefer, Lavez, serpentinartigen Gesteinen, Schriftgranit und Gneiss, als ob er den nördlichen Flügel eines weiten Luftsattels darstelle, dessen südlicher Theil aus Hornblendegneiss bestehe.

Auffallender Weise schneidet auch dieser Amphibolit- und Lavezzug im Westen gegen die breite Maira- und Liroebene von Chiavenna in voller Mächtigkeit ab. Er fehlt von da an im Westen vollständig, nicht anders, als ob das westlichere Gebiet in einer frühern Epoche einmal gehoben und darnach stark degradirt worden sei; jedenfalls eine Erscheinung, die der beim westlichen Ende des Hornblendegneisses schon bemerkten ähnlich ist. Nähere

Andeutungen fehlen auch hier. Man kann die Lavez-Zone von Chiavenna um so mehr als ein Aequivalent des Hornblendegneisses von Veltlin und Val Morobbia betrachten.

Etwas Aehnliches fehlt in der ganzen Westhälfte von Blatt XIX. Hier folgt auf Gneis stets unmittelbar Glimmerschiefer ohne Zwischenlagerung einer besondern Zone.

Das nächst jüngere Gestein ist:

III. Der **Glimmerschiefer**, der in dem ganzen Gebiet im Norden und Westen von Chiavenna, wie auch im Westen von Bellinzona, wo der Hornblendegneiss und die Amphibolit- und Lavez-Zone fehlt, unmittelbar auf Gneiss liegt.

Der Glimmerschiefer bildet eine Reihe von weithin streichenden Zonen.

Eine solche kommt aus Val Bedretto bei Airolo, am Fuss des St. Gotthard, Sektion XVIII. Und gleich im Süden von ihr eine zweite, von ersterer getrennt durch eine aufgelagerte jüngere Zone von Kalk, Dolomit, Gyps und grauem Bündner Schiefer. Die erste verläuft im Osten bis zum Scai und tritt dann noch einmal am Piano di Segno (Lukmanierstrasse) zu Tage aus. Die andere setzt unter starker Verbreiterung weiter im Osten fort und überschreitet zwischen Olivone und Ludiano das Val Blegno (Lukmanierstrasse) mit einer Breite von $11^{1}/_{2}$ Kilometer. Sie setzt im Osten von da als breiter Zug bis Alp Scaradra in Val Luzzone (Passo di Sorreda) zum Gebirgsstock des Rheinwaldhorns (oder Adulagebirg) und bis Dandrio in Val Malvaglia fort, wo sie an Gneiss abgrenzt.

Eine dritte Zone von Glimmerschiefer kommt, von voriger durch Kalk, Dolomit und grauen Bündner Schiefer getrennt, aus Westen (Blatt XVIII) in Val Sambuco (Corte) und breitet sich im Osten von da unter flacher Lagerung weit aus. Sie endet zwischen Prato und Chironico in ansehnlicher Breite am Rande des in den Gneiss einschneidenden Tessinthales und verfloss hier, vor der Einnagung des tiefen steilwandigen Thales, ehedem mit dem im Osten gegenüber liegenden Theile der zweiten Zone.

Von da im Süden liegt auf eine weite Strecke nur Gneis zu Tage aus. Erst zwischen Bagni di Craveggia und Stadt Craveggia (Piemont, Blatt XVIII) legt sich eine vierte Zone von Glimmerschiefer an, die vom Passo del Sassone im Süden aber die Colma bis dicht an Stadt Craveggia herrscht. Sie setzt im Osten vielleicht zur Tessiner Grenze fort. Ich konnte dies nicht ermitteln, am Passo di Segna zwischen Val Onsernone und Centovalli fand ich sie nicht mehr, doch deuten Geschiebe darauf hin, dass sie wahrscheinlich auch Tessiner Gebiet erreicht. Vergl. Taf. 2, Fig. 6, und Taf. 8, Fig. 20.

Im Osten von da, beiläufig in demselben Streichen, legt sich Glimmerschiefer bei Arcegno wieder an und schneidet bei Losone am Rande zur Thalebene der Maggia und des Lago Maggiore ab.

Nach langer Unterbrechung durch Gneiss legt sich weiter im Osten bei Melirolo (Val Morobbia) der Glimmerschiefer wieder an und setzt dann in's Veltlin fort. Somit erscheinen also der Glimmerschiefer von Craveggia in Piemont und der des Veltlin als die durch Abtragung getrennten Stücke desselben Zugs.

Ein fünftes Glimmerschiefergebiet, von dem des Rheinwaldstockes durch ein breites Gneissgebiet getrennt, kommt am Valserberg aus Norden, setzt als schmaler Streifen bei Hinterrhein über das Rheinthal und lässt sich im Süden von diesem bis zu den oberen Kehren der Bernhardinstrasse verfolgen. Es bildet hier nur einen auffallend schmalen Ausbiss zwischen Gneiss und sekundären Kalk- und Dolomitlagern.

Im Südosten und Osten von den sekundären Auflagerungen taucht der Glimmerschiefer aber bald wieder hervor, zeigt grosse Mächtigkeit und breitet sich rasch über ein weites Gebiet aus, welches von Alp Areue (bei Nufenen) in Süden bis Mesocco und in Osten bis zum Val di Lei und Madriser-Thal einerseits, über den Forcolapass und Chiavenna andererseits anhält und im Bergell weiter streicht.

Dieser Glimmerschiefer geht in zwei Züge getheilt, in Madris und im Bergell, im Osten hinüber auf Blatt XX *(G. Theobald)*. Dazwischen liegt ein breiter westöstlich streichender Streifen von Gneiss, der ein eigenes Massiv, welches ich Liro-Massiv nenne, darstellt.

Weiter im Süden, genau gleichlaufend dem Zuge des Bergells, und von ihm getrennt durch den Gneiss des Pizzo di Prata und des Val dei Ratti, legt sich, wie oben schon erwähnt wurde, die vierte Zone bei Melirolo im Val Morobbia an und zieht von da, an Hornblendegneiss angelehnt, unter rascher Verbreiterung in's Veltlin, wo er auf Blatt XX *(G. Theobald)* übertritt.

Am Rand von Blatt XIX streichen also drei parallele Glimmerschieferzüge, getrennt durch zwei parallele Gneisszüge, in Osten auf Blatt XX über.

Der Glimmerschiefer überhaupt erscheint in verschiedenen Abänderungen, bald nur aus Quarz und Glimmer bestehend, bald auch pfefferkorngrosse Granaten führend. Staurolith enthält er im Bergell und bei Chiavenna, noch ausgezeichneter bei Chironico und Peccia.

Am südlichen Fuss des Gotthard, an den Kehren der Strasse bei Airolo und im Nordosten von da bei Alp Canaria, ist eine ziemlich breite Zone Glimmerschiefer durch reichliche Einmengung von schwarzer Hornblende und grossen Granatkrystallen ausgezeichnet. Besondere Schichten dieses Lagers zeigen auf den Schichtungsflächen den Querbruch grosser aufrechtstehender, gänsefussartig ausstrahlender Lamellen von schwarzer Hornblende. Ich nenne dies Gestein, welches bei seinem vereinzelten Vorkommen und einem oft auch in kleinen Bruchstücken unverkennbaren Charakter für die Deutung der Glacialgebilde des Tessin-Gebiets eine gewisse Wichtigkeit gewinnt, Chenopodit (chen Gans und pus Fuss).

In manchen Strecken erscheint in der Oberregion des Glimmerschiefers ein grauer phyllitischer Glimmerschiefer mit feinschuppig verfilztem Glimmer, so namentlich am Splügenpass und im Veltlin. *G. Theobald* hat ihn als Casannaschiefer bezeichnet und als ein Aequivalent der Steinkohlenformation gedeutet. Er vermochte indessen auf Blatt XX keine consequente Ausscheidung dieser oberen Stufe durchzuführen und auch ich war auf Blatt XIX ausser Stand, den Casannaschiefer durchweg vom Glimmerschiefer abzutrennen, was höchstens nur bei einer eingehenderen Aufnahme und auch da oft nur auf ungefähr möglich wäre.

Der Casannaschiefer kann zwar als Aequivalent des Steinkohlensystems, aber auch eben so gut als devonisch oder silurisch gedeutet werden. Er führt zuweilen geringe Graphit-Schichten, z. B. im Nordosten vom Pizzo Truzzo bei Campodolcino. (Prof. *Taramelli*, il Canton Ticino Meridionale. Bern 1880.)

Seite 33, erörtert das Verhalten des pflanzenführenden Anthracitconglomerats [Steinkohlenformation] von Manno bei Lugano zum Casannaschiefer.)

Zu diesem Casannaschiefer gehört auch ein eigenthümliches Gesteinslager am Pizzo Tambo und am benachbarten Areuepass, welches zwischen Glimmerphyllit und Gneiss schwankt, sehr grosse Festigkeit zeigt und nach Art des Granits in grosse Blöcke zerklüftet.

Untergeordnet im Glimmerschiefer und Casannaschiefer erscheinen Lager von:
1) Gneiss, z. B. zu Menarola bei Chiavenna.
2) Schriftgranit nur zu Curcio bei Colico.
3) Körniger Kalk, am Splügenpass und bei Alp Areue (südlich von Nufenen).
4) Hornblendeschiefer im Bergell bis Chiavenna, ebenso bei Gravedona am Comersee.
5) Serpentin erscheint in einem ausgezeichneten Lager bei Alp Casimoi in Val Carassina (Val Bresciana) im Osten von Olivone. Serpentin erscheint auch bei Carena in Val Morobbia und im Westen vom Splügenpass. An beiden letzteren Stellen habe ich ihn nur in Geschieben beobachtet, anstehendes Gestein habe ich nicht erreicht.
6) Eisenglimmerschiefer, Itabirit, erscheint an drei Stellen, bei Largario, Comprovasco und Prugiasco in Val Blegno (Canton Tessin). Es sind zwei verschiedene Gesteine, beide mit Eisenglimmer von dunklem Strichpulver (Basanomelan?). Beide Gesteine bedürfen noch näherer Untersuchung und stellen vielleicht besondere Felsarten dar. Sie gehören der Oberregion des Glimmerschiefers an. An der Ostseite des Brenno beobachtete ich in Val Malvaglia Eisenglimmerschiefer-Geschiebe und vermuthe, dass sie aus dem Glimmerschiefer am Westabhang des Rheinwaldstockes stammen.

Wahrscheinlich die nächst jüngere Formation über dem Glimmerschiefer und Casannaschiefer ist:

IV. Der grüne Schiefer von Losone bei Locarno. Er erscheint in steil aufgerichteten Schichten zwischen Glimmerschiefer und Hornblendeschiefer. Es ist theils ein hellgrüner oder grünlich-grauer Thonschiefer (sogenannter Urthonschiefer, Ardoise), theils ein grauer oder schwarzgrauer Kieselschiefer (Lydit), der den Eindruck eines der Verkieselung anheimgefallenen Kalklagers macht.

Diese Zone ist vom grünen Schiefer des Verrucano und vom grünen Bündner Schiefer in petrographischer Hinsicht vollständig verschieden. Das Altersverhältniss ist nicht näher zu ermitteln. Ich möchte die Gesteine von Losone als muthmasslich paläozoisches Lager, und am ersten noch als Aequivalent der Steinkohlenformation deuten. Aber nach organischen Resten suchte ich vergeblich.

V. Unzweifelhafter **Verrucano** als Sandstein oder Conglomerat und muthmasslich ein Aequivalent, wenn nicht schon der Steinkohlenformation, so doch des Rothliegenden und des Buntsandsteins wird auf Blatt XX von *G. Theobald* häufig aufgeführt.

Auf dem Boden von Blatt XIX erscheinen an Stelle desselben krystallinisch umgewandelte Lager, die ich als Verrucano-Aequivalente auffasse. Sie lagern auf Glimmerschiefer und werden von Kalk und Dolomit, krystallinisch umgewandelten Triasablagerungen, überdeckt.

Hierher gehört zunächst der grüne Gneiss oder Rofla-Gneiss *L. von Buch*'s (Chloritgneiss bei *Escher* und *Studer* 1839).[1] Er bildet in grosser Mächtigkeit das hohe, steile Gebirg im Osten vom Splügenpass, mit den Suretta-Hörnern, und die Gegend von da im Osten bis Ferrera, Canicul und Alp Moos, ausserdem auf Blatt XIV von Sufers bis gegen Andeer. Die steilwandigen Gehänge der vielgenannten Rofla- oder Roflaschlucht, durch welche der Hinterrhein aus der Rheinwaldebene in die Schamserebene durchbricht, bestehen aus diesem grünen Gestein. Die Mächtigkeit mag stellenweise bis 1000 Meter gehen.

Der Roflagneiss ist ausgezeichnet durch das häufige Auftreten von mächtigen Einlagerungen von Kalk und Dolomit, die zum Theil als Einfaltungen der überlagernden Triasformation zu erkennen sind, theils auch wahre Einlagerungen sein mögen. Ebenso durch das Auftreten von Lagern von Rotheisenstein oder Hämatit, die vererzte Kalklager darstellen mögen, zu S. Martin

---

[1] Ueber die petrographische Beschaffenheit des Roflagneisses vergleiche: *B. Studer*, Index der Petrogr. 1872. S. 204. *F. Rolle*, Mikropetrogr. Beiträge 1879. S. 17—22.

in Ferrera und bei Alp sott Foina. Auch ist das Fehlen von Hornblendeschiefer für diese Formation charakterisch.

Der grüne Gneiss des Surettastocks und der Rofla wird durch Ueberlagerung einer breiten Partie von Trias-Dolomit und Bündner Schiefer von den ähnlichen meist krystallinischen, stellenweise auch conglomeratischen Gesteinen des Vorderrheins (Felsberg bei Chur u. a. O.) getrennt, und diese haben schon *Studer* 1852, ebenso *G. Theobald* und *G. vom Rath* als Verrucanogebilde aufgefasst. Jedenfalls aber, gleichviel welches Alter man ihnen zuschreiben möge, sind die metamorphen mehr oder minder gneissähnlichen Gesteine der Suretta und der Rofla die südlichen Ausbisse derselben Formation, die mehrere Meilen weiter im Norden im Vorderrhein wieder zu Tage austritt.

Weit im Süden vom Surettastock, etwa 35 Kilometer davon entfernt, erscheinen auf der Nordseite des Veltlins in derselben Lagerungshöhe, über Glimmerschiefer (hier Casannaschiefer) und bedeckt von krystallinischen Kalken und Dolomiten (Triasformation) wieder Verrucano-Aequivalente, in deren Deutung ich mit meinem Vorgänger *G. Theobald* übereinstimme. Es sind theils hellgrüne, theils graue Schiefer, zum Theil ein deutliches Gemenge von Quarz mit einem hellgrünen dem Agalmatolith ähnlichen Mineral. Prof. *Knop* hat eine grössere Ausscheidung dieses Minerals von Mezzomanico bei Dubino analysirt.[1]

Ich nehme diese grünen Schiefer des Veltlins, wie schon *G. Theobald* 1866, unbedenklich als einen metamorphen Schiefer der Verrucano-Zone.

Ich kenne also Verrucano-Aequivalente auf dem Boden von Blatt XIX nur in Osten bis zum Meridian des Splügenpasses.

Schon bei Dommaso (im Norden vom Comersee) suchte ich zwischen Glimmerschiefer und Triasdolomit vergebens nach einem besonderen Schieferlager des Verrucano. Am Fusse des Sass Pell im Nordwesten von Gravedona fand ich noch ein vereinzeltes Bruchstück von grünem Schiefer, konnte aber kein eigenes Lager desselben mehr nachweisen. Der Verrucano schliesst also hier im Westen ab. Höchstens könnte man den grünen Schiefer von Losone

---

[1] F. *Holle*, Mikropetrogr. Beiträge. 1879. Seite 15—17.

bei Locarno noch zu den Verrucano-Aequivalenten zählen, ich möchte ihn eher für älter nehmen.

Abgesehen hiervon fehlt auf der ganzen Westseite, mehr als ³/₁ des Gebiets, jede Spur von Verrucano-Aequivalenten. Und bemerkenswerth ist auch, dass im östlichen Viertel der Roflagneiss im Norden eine grossartige Mächtigkeit erreicht, dagegen der grüne Schiefer des Veltlins, der im Süden dessen Stelle in der Lagerungsfolge einnimmt, verhältnissmässig ein gering mächtiges Lager darstellt.

Es ist darnach für die Epoche der Verrucanogebilde weiter im Norden oder im Nordwesten ein ausgedehntes Festland mit bedeutender Lieferung von Schutt und Trümmern anzunehmen. Aber auch die Gegend im Westen vom Splügener Meridian mag damals festes Land gewesen sein. Schuttlieferung ging von dieser Seite nicht oder doch nicht in merklicher Weise aus.

Im unteren Bergell fehlen zwischen Glimmerschiefer und Triaskalk bestimmte Verrucano-Aequivalente. Dies Gebiet kann damals auch Festland gewesen sein. Oder man muss die oberste Region des Glimmerschiefers dahin zählen.

VI. **Kalkstein** und **Dolomit, metamorphe Triasschichten** (Muschelkalk, Keuper und Dachsteinkalk).

Am Valserberg bei Hinterrhein erscheint aus Norden (Blatt XIV) ein Zug von Kalk und Dolomit, der erst auf einem schmalen Lager von Glimmerschiefer, dann auf Gneiss ruhend und von Bündner Schiefer bedeckt, über die Ostseite des Bernhardinopasses fortstreicht.

Oestlich von da tritt die Kalk- und Dolomitformation unter der Decke von Bündner Schiefer wieder hervor und streicht, einerseits im Süden bis gegen Mesocco, wenn nicht über Soazza hinaus, andererseits im Nordosten gegen Splügen und über Sufers hinaus (Blatt XIV), wo dieselbe an Roflagneiss sich anlehnt.

Von Splügen aus wendet sich eine muldenartige Ausbuchtung des Kalk- und Dolomitlagers nach Süden und schneidet an Glimmerschiefer (grauem Casannaschiefer) ab, ohne den Splügenpass zu erreichen. Im Süden von diesem erscheint dann aber als unverkennbare Fortsetzung der meridian gestreckte Kalkstock der Andossi und endet unweit Pianazzo auf Glimmerschiefer gelagert und ohne Decke von Bündner Schiefer. Es ist aber offenbar nur ein durch Lagerungsstörung und nachmalige Abtragung abgetrenntes Stück der triasischen Kalk- und Dolomitmasse von Hinterrhein und Splügen. Es legt sich auch bei Splügen und südlich vom Pass am Piano della Casa (la Dogana) dicht an den grünglimmerigen Gneiss des Surettastocks an. (Die auf der Karte als Glimmerschiefer colorirte schmale Zone zwischen Rofiagneiss und Triaskalk wird wohl ein stark umgewandeltes triasisches Lager sein.) Der Splügenpass stellt sich sonach als ansteigender Basaltheil eines meridianen Muldenzugs heraus, die mächtige kalkige Decke ist hier abgetragen.

Von dem Kalk- und Dolomitlager von Splügen und Pianazzo durch die hochaufschwellende Masse des grünen Gneisses der Suretta, welchen ich als Verrucano-Aequivalent betrachte, getrennt, erscheint weiter im Osten das hohe Kalkgebirge von Ferrera, Avers und Madris mit dem Piz Grisch oder Fianell (3048 M.) und dem Weissberg oder Weisshorn nördlich von Cresta (3044 M.).

Langgestreckte Lager lösen sich von ihm im Streichen ab und erscheinen in den Rofiagneiss eingebettet. Unter anderem zieht ein solches in Südwesten bis in den Ursprung des Surettathals (Gem. Sufers). Ich halte diese gestreckten Lager für Basen zusammengeklappter, von der Hauptablagerung durch Abtragung (Degradation) abgetrennter Mulden.

Untergeordnet erscheint in diesem Gebiete das Lager von Rotheisenerz im Nordwesten von Alp Schmorras (Oberhalbstein).

Die Mächtigkeit von Kalk und Dolomit mag höchstens etwa 800 (bis 1000?) Meter erreichen. Als mindestes ergibt sich bei Crot und Campsut (Avers) 300—400 Meter.

G. *Theobald* hat dieses metamorphosirte und ganz krystallinisch gewordene Kalkgebirg von Ferrera und Avers auf dem im Osten anstossenden Blatt XX in zahlreiche Lager abgetheilt, die dem Muschelkalk, Keuper und Dachsteinkalk zusammen entsprechen sollen. Ich bin im Allgemeinen mit *Theobald's* Ansicht einverstanden, kann aber keine Unterabtheilungen erkennen und halte deren kartographische Darstellung für willkürliche Ausdeutung eines an sich ganz richtigen Gedankens. Die Herren *Escher* und *Studer* 1839 haben auch nur eine einzige Kalkformation in Ferrera, Avers und Madris gesehen. Hier sind durch tiefgehende krystallinische Umwandlung die ehemaligen Unterschiede der ursprünglichen Formationsglieder wieder geschwunden.

Im Süden vom Madriser Kalkgebirge folgt ein weites Gebiet von Glimmerschiefer und Gneiss. Das Bergell entspricht einem Muldenzuge zwischen zwei Gneissmassiven. Auf Blatt XX gibt *Theobald* im Bergell vereinzelte Flecke von Triaskalk, der auf Glimmerschiefer ruht, so bei Dario oberhalb von Castasegna, bei Bondo u. a. O. Dies ist richtig und ihr Vorkommen ist als letzter Rest eines ehemals vorhandenen triasischen Muldenzugs zu betrachten, der durch Bergell über Chiavenna und den Forcolapass zog und bei Soazza den oben schon berührten triasischen Muldenzug von Mesocco, Bernardino und Hinterrhein erreichte.

Im Gebirge um Albareda westlich von Chiavenna muss auch irgendwo noch eine Partie von Triasdolomit übrig geblieben sein. Ich schliesse es aus zahlreichen Blöcken und Geschieben, war aber trotz wiederholter Bemühung ausser Stand, das Lager selbst zu erreichen.

Weiter im Süden, von vorigem Schichtenzug durch das breite Gneissgebirge des Pizzo di Prata und der Codera getrennt, erscheint wieder ein Zug von triasischem Kalk und Dolomit an der Nordseite des Veltlin oberhalb Dubino.

Er bildet eine unzweifelhafte muldenförmige Einlagerung in grüne und graue Schiefer, die ich mit *Theobald* als Verrucano-Aequivalent betrachte. *Theobald* hat 1866 ein Profil von Dubino gegeben und darin das Kalk- und Dolomitlager in mehrere Unterabtheilungen gebracht, deren Unterscheidung ich nicht theilen kann, wenn gleich ich mit *Theobald* das ganze Lager als metamorphosirten Kalk der Trias betrachte.

Im Westen schneidet dieser Kalk- und Dolomitzng an der breiten Thalebene des Comersees ab und legt sich jenseits derselben bei Cinque Case wieder an. Er streicht von da als Hangendes von Glimmerschiefer in Westen und endet mit dem steilen, vom Comersee aus gesehen einen stattlichen Anblick gewährenden Sass Pell im Norden über Gravedona.

Von da im Westen geht nur Glimmerschiefer zu Tage aus und hält über den Passo Jorio an. Aber weiter im Westen, 11 Kilometer vom Sass Pell, legt sich der Triasdolomit von Alp Giggio wieder an. Es ist der Basalrest einer in Glimmerschiefer eingelagerten Mulde. Im westlicheren Gebiet fehlt jede Spur von Kalk oder Dolomit der Trias, namentlich in der Linie Bellinzona, Locarno, Craveggia.

Möglich, aber nicht ganz sicher ist die Annahme von Triasdolomit als Bedeckung von Glimmerschiefer und seinerseits überlagert von grauem Bündner Schiefer in Val Blegno (von Caserio bei Dongio an in Norden bis über Olivone), in der Leventina (beiderseits Faido) und von da über Alp Campolungo bis Fusio (Val Maggia), ferner am Lukmanier und von da im Zusammenhang über Piano di Segno, Val Piora bis über Airolo hinaus. Ich kann keine feste Entscheidung in dieser Frage treffen. Möglich ist es, dass der Dolomit von Val Blegno, Val Piora, Alp Campolungo u. s. w. ein Aequivalent der Triasmassen des Ostens (Ferrera, Avers, Madris und Dubino) ist. Aber dagegen spricht der Umstand, dass in der Westhälfte des Blattes XIX der die Grundlage des Triaskalks bildende Verrucano und der in dessen Hangendem auftretende grüne Bündner Schiefer (Chlorogrisonit) fehlen. Dies kann andeuten, dass im Westen auch die Trias fehlt und der hier die Basis des grauen Bündner Schiefers bildende Dolomit also eher ein unteres Glied des letzteren darstellt und etwa als eine untere Liasschicht aufzufassen ist.

Gyps erscheint im Kalk- und Dolomitgebiet zerstreut, lokal und accidentell, in verschiedenen Schichtenhöhen, aber wohl immer in Berührung mit Kalk oder Dolomit einerseits, Glimmerschiefer oder Bündner Schiefer andererseits. So in Val Canaria nordöstlich von Airolo und an einer Stelle im Südosten von Airolo, dann an ein paar Stellen beim Hospiz Casaccia am Lukmanier, an der Nordseite von Val di Campo bei Ghirone, im Südwesten von Olivone, zu San Giacomo an der Bernhardinstrasse und zu Madesimo im Osten über der Splügenstrasse. Ich betrachte diese Gypspartien als Metamorphosen von Kalk oder Dolomit unter dem Einfluss von schwefelsäurehaltigem Wasser, welches seinen Schwefelsäuregehalt der Oxydation der Schwefelkiespartikeln der krystallinischen Schiefer verdankt. Des verstorbenen *Theobald* Versuch, die Gypsvorkommnisse auf Blatt XX dem Schema der Secundär-Formationen als selbstständige Glieder einzuordnen, halte ich für verfehlt.

VII. **Bündner Schiefer** erscheinen nur im nördlichen Drittel des Gebiets von Blatt XIX und reichen im Süden nur bis Fusio (in Val Maggia), Soazza (in Val Mesocco) und im Osten zu Avers, etwa 5 Kilometer in Süden von Cresta.

Die Mächtigkeit dieser Formation ist oft bedeutend. Bei der häufigen Faltung ist sie schwer festzustellen, sie kann aber sehr wohl stellenweise 1000 Meter erreichen.

Graue und grüne Schiefer wechseln bisweilen. Doch liegen die grünen Schiefer im Allgemeinen in der tieferen Region, was namentlich für den Zug von Platten (in Avers) und Val Starlera (Ferrera) gilt. Ausserdem erscheinen Einlagerungen von Glimmerschiefer, von Gneiss (bei Splügen), von gewöhnlichem Gneiss nicht zu unterscheiden, von Roflagneiss (am Brennhof bei Nufenen), endlich von grauem oder schwarzem körnigem Kalk (bei Splügen, Sufers und an vielen andern Orten).

Wir betrachten zunächst den **grünen Bündner Schiefer**. Er zeichnet sich durch mehr oder minder krystallinisches Gefüge aus und ist bisher zum Theil als Gabbro bezeichnet worden. Ich habe mit Unterstützung von Herrn *C. Trapp* eine Reihe von grünen Bündner Schiefern unter dem Mikroskop untersucht und erkenne darin eine besondere Gruppe von unter einander verwandten krystallinischen Gesteinen, die ich unter der allgemeinen Benennung Chlorogrisonit zusammenfasse (chloros, grün, le pays des Grisons, Graubünden, romanisch Grischun).[1]

Im Einzelnen unterscheide ich unter den grünen Schiefern noch eine Anzahl besonderer Arten, die zum Theil in ansehnlichen Lagern auftreten.

Valrheinit. Er streicht vom Valserberg in Südosten in's Rheinthal hinab (Casanwald zwischen Hinterrhein und Nufenen). Er erscheint auch als ansehnliches Lager in Val Starlera (Ferrera).

Gadriolit. Er erscheint als ein vom Valserberg überstreichendes Lager am Fuss des Gadriolwasserfalls im Rheinthal und lässt sich von da bis San Bernardino verfolgen.

---

[1] F. Rolle. Mikropetrogr. Beiträge. 1879. Seite 30 bis 41.

Cucalit. Er erscheint als ansehnliches Lager am Plattuerpass zwischen Platten (Avers) und Alp Starlera (Ferrera), in Südosten oberm Cucal Nair.
Paradiorit. Am Breunhof bei Nufenen.
Hypholith. Zu Doira im Südosten von Mesocco.

Die grauen Bündner Schiefer überhaupt erscheinen auf dem Boden von Blatt XIX nur in der Partie vom Valserberg in Süden bis Mesocco und von da in Osten bis Ferrera und Avers.

Sie liegen auf Triaskalken und Dolomiten, die man Grund hat für umgewandelte Tiefseebildungen zu halten. Dazwischen fällt eine Hebungsepoche, vielleicht von vulkanischen Ausbrüchen begleitet. Damals muss ein gewisses Gebiet von älteren krystallinischen Schiefern, namentlich Glimmerschiefer, emporgehoben worden sein. Aus dem Material der darnach vor sich gehenden Abtragung des gehobenen Festlandes entstanden die Bündner Schiefer. Die Chlorogrisonite können möglicher Weise metamorphosirte Lager von vulkanischer Asche darstellen. (Mindestens habe ich nirgends in dem betreffenden Gebiete einen eruptiven Gabbro angetroffen.)

Die grauen Bündner Schiefer (Schistes des Grisons, Nufenenschiefer) nehmen die ganze Oberregion der Bündner Schieferformation ein und erreichen eine bedeutende Mächtigkeit. Sie kommen dem Glimmerschiefer und besonders dem Casannaschiefer in petrographischer Hinsicht mehr oder weniger nahe, sind offenbar aus dem Material von der Degradirung von Glimmerschiefergebirgen entstanden, aber auch oft mit Kalk oder Dolomit gemengt. Sie wechsellagern oft mit ansehnlichen Kalk- oder Dolomitbänken. Auch Rohwand (Ankerit) erscheint in dünnen Einlagerungen, z. B. im Südwesten über der Tamboalp. Distheuschiefer als Einlagerung findet sich ausgezeichnet schön an der Südseite des Piano di Segno unterhalb von Segno (Lukmanierstrasse).

Nach dem Vorkommen von Belemniten im grauen Bündner Schiefer des Nufenenpasses (Ursprung von Val Bedretto, Blatt XVIII) u. a. O. betrachtet man sie gewöhnlich als Lias, welcher Ansicht ich beistimme, ohne auf grössere Genauigkeit Anspruch zu machen.

VIII. Die auf grauem Bündner Schiefer nördlich von Splügen und Sufers bis zum Piz Beverin (Blatt XIV) aufgelagerten mächtigen Massen von Kalk und Dolomit bezieht *G. Theobald* 1860[1] auf den mittleren und oberen Jura oder den sogenannten **Hochgebirgskalk** und **Hochgebirgsdolomit**. Ich habe dieses Gebiet nicht betreten und nehme daher vorläufig *Theobald's* Ansicht als begründet an.

IX. Auf den Bündner Schiefer folgt im Gebiet von Blatt XIX eine weite Lücke in der Reihenfolge der geologischen Formationen. Ausgedehnte Lager mögen abgesetzt und wieder abgetragen worden sein.

Das nächste Glied ist ein eigenthümlich gearteter **Kalkschutt-Sandstein**, der in verhältnissmässig ansehnlicher Mächtigkeit auf italienischem Gebiet am Rande des Kalkstocks der Audossi an der Splügenstrasse (Terza Cantoniera oder Cantoniera di Teggiate, 1654 M.) in bedeutender Höhe über der tiefen Cardinellschlucht abgelagert erscheint. Das Gestein erinnert auf den ersten Anblick an Dolomit, besteht aber aus Trümmern von Kalk, Dolomit und Glimmerschiefer mit kalkigem Bindemittel. Es ist vorglacial, entweder oberpliocän oder unterpleistocän, wird von erratischen Blöcken bedeckt und erscheint von tiefen Schluchten durchzogen. Auf der geologisch colorirten Karte XIX ist es mit der Farbe des Kalktuffs (Travertin) eingetragen, mit dem es die nächste Verwandtschaft hat. Nach organischen Resten habe ich vergeblich darin gefahndet.

X. **Glaciale Ablagerungen**, älterer Gletscherschutt, Moränen und erratische Blöcke, auf geglätteten und gefurchten Felsoberflächen abgelagert, erscheinen fast in allen höher gelegenen Theilen des Gebiets von Blatt XIX und werden sich bei einer noch eingehenderen geologischen Aufnahme in den obersten selten betretenen Thalursprüngen auch noch zahlreicher herausstellen.

Ausgezeichnete Moränenwälle, aus grossen festen Felsblöcken aufgeschüttet, Reste von länger eingehaltenen Stationen beim Rückzug der einst weit vorgeschobenen Gletscher des Hochgebirgs, erscheinen namentlich:

an den Splügener Bergseen im Südosten über Splügen (2198 und 2270 M. Meereshöhe);

---

[1] *G. Theobald,* Zur Kenntniss des Bündner Schiefers. Jahresbericht d. naturforschenden Gesellschaft Graubündens. Chur 1860. Seite 23 und 37.

an der Splügenstrasse unterhalb vom Piano della Casa (Dogana, 1904 M.) bis zur Cantoniera della Stuetta (Seconda Cantoniera, 1870 M.);
im Val Vignone im Nordosten von San Bernardino (2100 M.);
bei Alp Campolungo (2138 M.);
am Cantone dei Vitelli (1940 M.) im Nordosten über Fusio;
am Lago di Mognola (2002 M.) im Nordosten über Peccia,
und bei Monti Compieto oberhalb von Olivone (1580 M.).

Die am tiefsten herabreichende Moräne würde also die der letzteren Stelle sein (1550 M.).

Ablagerungen von glacialem Schutt mit polirten und gefurchten Geröllen bedecken die höheren Gehänge mancher tief eingenagten Hochgebirgsthäler, sind aber schwieriger festzustellen, da nur gewisse Gesteine das charakteristische Gepräge der Gletscherwirkung deutlich bewahren.

Das ausgezeichnetste Beispiel von einem solchen Glacialschutt ist das vom Splügenpass im Norden sich senkende Häusernbachthal. Es führt geglättete und gekritzte Serpentingerölle und mit zahlreichen Quetschungen versehene Marmorgerölle.

An vielen andern Stellen ist zwischen glacialem Schutt und alluvialem Gehängeschutt schwer zu unterscheiden, namentlich wo Gesteine wie Serpentin und Marmor, die die Gletscherkritzen am deutlichsten erhalten, fehlen.

In manchen Fällen sind vom Durchzug der Gletscher nur zerstreute aber gut bezeichnende erratische Blöcke und einzelne Gerölle zu erkennen.

Der ausgezeichnete Serpentin der Alp Casimoi in der Brusciana (Val Carassina am Westrand des Rheinwaldstocks) findet sich in zahlreichen geglätteten und geritzten Geröllen in Val Blegno bis Olivone und Acquarossa, aber nur auf der östlichen Thalseite, bald auf ursprünglicher Ablagerungsstätte, bald verschwemmt, selbst im heutigen Geröll des Tessin noch.

In der Leventina spielt der Chenopodit von Airolo (Seite 12) dieselbe Rolle und findet sich bei Faido hie und da in zerstreuten Geröllen am Gehänge in beträchtlicher Höhe über der Thalsohle, aber nur auf der linken (nordöstlichen) Seite des Tessin, eine Art der Verbreitung, die für Absätze aus der Glacialepoche bezeichnend ist.

Erwähnung verdient noch der Fall, dass gekritzte Serpentingerölle in jüngerem Schutt erscheinen, in den sie durch Abschwemmung aus älteren Schuttlagern gelangten. So finden sich deren von Olivone an abwärts sehr häufig in jüngeren Schuttkegeln an der Ostseite der Thalebene von Val Blegno. Man darf sich hier nicht irre machen lassen.

XI. Alluviale Ablagerungen.

Alluviale Schuttkegel sind in allen grösseren Thälern häufig vor der Mündung steiler Hochgebirgsschluchten und wachsen zum Theil noch alljährlich mit den periodischen Anschwellungen der Torrenten.

Der bedeutendste Schuttkegel des ganzen Gebiets ist der von Monte Moea in Val Mesocco unterhalb von den Kehren der Bernhardinstrasse.

Hin und wieder stossen zwei Schuttkegel der entgegengesetzten Thalseiten zusammen, engen den Fluss ein und bringen die Bildung thaleinzu wachsender Schuttaufstauungen und fast wagrechter Thalsohlen mit sich. So im Lirothal zu Prestone, unterhalb von Campodolcino. Ebenso im Val Mesocco zu Cama. Hier waren Versumpfung und Miasmenbildung (und, wie angegeben wird, eine besondere Häufigkeit giftiger Schlangen) die Folgen.

An der Stretta di Stalvedro wurde der Tessin in älterer Zeit durch Vorquellung des Schutts aus Val Canaria in ähnlicher Weise gestaut, nagte sich seitdem aber wieder ein tieferes Bett ein. Dies bezeugen noch die horizontalen Flussterrassen zu Airolo gleich thaleinzu von der felsigen Thalenge von Stalvedro.

Bedeutende Bergstürze sind der von Piuro oder Plürs im Bergell (im Jahr 1618)[1] und der von Biasca (im Jahr 1512)[2]. Von letzterem ist ein noch jetzt das Brennothal eng zusammendrängender Schuttkegel (la Buzza di Biasca) verblieben, der thalaufzu eine Versumpfung der ebenen Thalsohle mit sich gebracht hat.

Torf erscheint in grösster Ausdehnung bei Fuentes in der breiten versumpften, wegen ihrer Miasmen und giftigen Vipern verrufenen Ebene an der

---

[1] F. Rolle, Uebers. d. geolog. Verh. v. Chiavenna. 1878. Seite 52.
[2] G. vom Rath, Beob. im Quellgebiet des Rheins. 1862. Seite 456.

Mündung der Adda in den Comersee. Er wird nur am Rande hie und da ausgebeutet.

Nicht selten ist der Torf auch in flachen Hochgebirgsthälern. So zu Pianazzo an der Splügenstrasse und zu Albonico am Lago di Mezzola, wo ich 1875—76 lebhafte Torfgewinnung antraf. Die Mächtigkeit ist hier aber gering.

Alluvialer Kalktuff oder Travertin mit zahlreichen Abdrücken von Laubholzblättern findet sich bei der Mineralquelle von Acquarossa (530 M.) und im oberen Lirothal bei Isola (1277 M.), wo er von kalkhaltigen Quellen, die aus dem hoch darüber liegenden Kalkstock der Andossi stammen, abgesetzt wird. An letzterer Stelle führt er auch Zweige und Nadeln von Tannen.

Dies ist das einzige Beispiel von einem Vorkommen deutlicher organischer Einschlüsse in einem Gestein des Gebiets von Blatt XIX. Selbst der einem Kalktuff sehr nahe stehende vorglaciale Kalkschuttsandstein von Teggiate im Nordosten auf der Höhe über dem Kalktuff von Isola ist fossilfrei.

Aus obiger Erörterung der Reihenfolge und der muthmasslichen, bei dem Mangel an Fossilien nur hypothetisch zu bestimmenden Altersverhältnisse der auf dem Gebiete von Blatt XIX auftretenden Gesteine ergibt sich mit mehr oder minder grosser Sicherheit folgende

Tabelle der geschichteten Formationen.

IV. Quartäres System.	11. Alluviale Bildungen. — Schuttkegel, Bergstürze, Torf, Kalktuff.	
	10. Glaciale Bildungen. — Gletscherschutt, Moränen, erratische Blöcke.	
	9. Kalkschuttsandstein von Teggiate an der Splügenstrasse; vorglacial (oberpliocän oder unterpleistocän?).	
III. Mesozoisches System.	8. Oberer und mittlerer Jura? — Hochgebirgskalk und Dolomit im Norden über Splügen und Nufers, Blatt XIV.	
	7. Bündner Schiefer-Formation. (Lias?)	7b. Grauer Bündner Schiefer oder Nufenenschiefer mit Kalk- und Dolomitlagern von Airolo bis Avers. Am Nufenenpass und in Val Bedretto (Blatt XVIII) mit Belemniten.
		7a. Grüner Bündner Schiefer, Chloritgrisonit, am Vaisorberg, in Val Mesocco, zu Ferrera und Avers.
	6. Triaskalk und Dolomit von Ferrera, Avers, Madris, Splügen u. a. O. in Graubünden. — Bei Ferrera mit Rotheisenstein. Hie und da mit Gyps. Ueberall krystallinisch und fossilfrei. Ebenso im Bergell, im Veltlin, zu Gravedona und in Val Morobbia.	Zweifelhaft das unterste Dolomitlager in Val Illegno, am Lukmanier, zu Alp Campolongo und Airolo. Hie und da mit Gyps.
II. Paläozoisches System. (?)	5. Muthmassliche Verrucano-Aequivalente? Untere Trias? Rothliegendes? Steinkohlenformation?	Hodsgneiss oder grünglimmeriger Gneiss des Surettastocks und der Rodaschlucht. Mit untergeordneten Lagern von Kalk und Rotheisenstein.	Grüner und grauer Schiefer des Veltlin zu Dubino und Cercino.
	4. Grüner Schiefer von Losone bei Locarno mit grauem Kieselschiefer (paläozoisch? — Steinkohlenformation?).	
	3b. Casannaschiefer in Veltlin und am Splügenpass und Gneissphyllit am Pizzo Tambo paläozoisch? — Steinkohlenformation?).	
I. Krystallinisches Schiefergebirg.	3a. Glimmerschiefer mit Chenopolit (bei Airolo), Gneiss, Schriftgranit, Hornblendeschiefer, Serpentin in Val Carassina, Eisenglimmerschiefer (in Val Illegno) und körnigem Kalk.	
	2. Hornblendegneiss oder Syenitgneiss (von Arbedo und Melirolo an bis in das Veltlin).	Hornblendeschiefer, Lava, serpentinartige Gesteine u. s. w. Im Bergell und bei Chiavenna.
	1. Gneiss mit untergeordneten Lagern von Glimmerschiefer, Lagergranit, Schriftgranit, Hornblendeschiefer, Serpentin, Lava, Strahlsteinfels, körnigem Kalk.	

Die Massive.

Bei der Erörterung der geologischen Formationen auf Blatt XIX wurde zu wiederholten Malen der weithin zu verfolgenden und zwar oft in unverkennbarer Muldenform auftretenden Züge jüngerer Gesteine gedacht, welche ältere Gebilde mehr oder minder vollständig umziehen, wobei die jüngsten, Trias und Lias, bald sich auskeilen, bald wieder sich anlegen und die zunächst älteren Gesteine oft noch die ehemalige Einlagerung jüngerer genügend errathen lassen.

Hiermit ergibt sich die Aufgabe einer Feststellung der von jüngeren Gesteinen umzogenen Massive oder geotectonischen Stöcke älterer Gebilde. Diese Aufgabe ist unabweisbar, hat aber manche Schwierigkeit.

Die erste liegt schon in der oft unvollständigen Umziehung durch Zonen von bald jüngerer, bald älterer Formation.

So verfolgen wir z. B. eine lange westöstliche, aber mannigfach unterbrochene Zone jüngerer Einlagerungen von Craveggia im Piemont bis Cercino im Veltlin. Aber sie enthält bei Craveggia nur Glimmerschiefer in Gneiss, bei Losone nur Glimmerschiefer und grünen Schiefer unbestimmbaren Alters in Gneiss, bei Alp Giggio am Passo di San Jorio Triasdolomit in Glimmerschiefer eingebettet, bei Gravedona Triasdolomit auf Glimmerschiefer aufgelagert, bei Dubino im Veltlin Triasdolomit in grünem Schiefer (Verrucano-Aequivalent) und mit diesem in Glimmerschiefer deutlich eingemuldet, endlich im Osten bei Cercino nur noch den grünen Schiefer auf Glimmerschiefer.

Aber bei aller Unvollständigkeit der erhalten gebliebenen Reste jüngerer Formationen ist immerhin offenbar, dass von Craveggia bis Cercino eine wichtige Grenzlinie von eingreifender geotectonischer Bedeutung vorliegt. Sie scheidet das Tessiner Massiv von dem südlich sich anlegenden Seegebirg.

Eine andere abgrenzende Zone scheidet den Gneiss des St. Gotthardgebietes bei Airolo von dem weit ausgedehnten Gneissgebiet des Tessiner Massivs, das von Fusio und Peccia bis Locarno und Bellinzona u. s. w. anhält. Aber diese Grenzzone wird hier von 10 bis über 15 Kilometer breit und besteht aus Glimmerschiefer, Dolomit und grauem Bündner Schiefer. Es ist nicht festzustellen, ob man hier die Auflagerung des Glimmerschiefers auf Gneiss als die wahre Grenze des Massivs oder die Grenze in den Zug des grauen Bündner Schiefers legen soll. Im einen oder andern Fall erhält man ganz andere Umrisse des von jüngeren Zonen umzogenen älteren Massivs.

Die dritte Zone jüngerer Gesteine tritt aus Norden am Valserberg von Blatt XIV herein und dehnt sich im Osten weithin bis Ferrera, Avers und Madris aus. Im Süden vom Valserberg zieht sie sich über den Bernhardinpass bis Mesocco und Soazza, unter allmäliger Verschmälerung der jüngeren Formationen, Dolomit und Bündner Schiefer, als wie wenn ein Muldenzug vorläge, dessen Basallinie ansteige und dessen höhere Glieder durch Verwitterung abgetragen seien. Der Zug wendet sich nun in Südosten, überschreitet, auf einen kaum $1/_2$ Kilometer breiten Streifen von Glimmerschiefer zusammengeschmolzen, den Passo della Forcola und verläuft dann in mässiger Breite über Chiavenna in das Bergell. Hier legen sich erst bei Castasegna, Soglio und Bondo (Blatt XX) wieder geringe Fetzen von Triasdolomit an und weiterhin im oberen Bergell treten auch die Bündner Schiefer wieder auf und zwar im Zusammenhang mit denen von Avers und Madris.

Hier haben wir also auf Blatt XIX und dem Westen von Blatt XX ein ellipsoidisch gestrecktes von West in Ost streichendes Massiv älterer Gebilde, rings umzogen von einer Zone jüngerer Gesteine, die theils eine vollständige, bis zum grauen Bündner Schiefer hinaufreichende Reihenfolge, theils, wie am Forcolapass und bei Chiavenna, nur noch eine unansehnliche Muldenbasis von Glimmerschiefer darstellt. Das Massiv selbst, das Liromassiv, erscheint, wenn wir nur den Gneiss ansehen, 5—6 Kilometer, wenn wir den Glimmerschiefer mitrechnen, bis 18 oder 20 Kilometer breit.

Wir haben also zur Ausscheidung der Massive eine Reihe von theils sehr sicheren und gut ausgeprägten, theils auch sehr schwankenden und der individuellen Deutung Raum lassenden Ausgangspunkten.

Im Allgemeinen schliesse ich mich in dieser Hinsicht den Arbeiten der Herren *Escher*, *Studer* und *Theobald* an, weiche aber in Einzelheiten ab und ändere auch einiges an meiner 1878 gegebenen Eintheilung.

Ich nehme folgende Massive an:

      Das Gotthardmassiv,
      Das Tessiner Massiv,
      Das Liromassiv,
      Das Seegebirge.

Davon sind die nördlicheren am ausgeprägtesten, wogegen das Seegebirge im Süden nur eine Randzone mit wenig ausgesprochenen Massiv-Charakteren darstellt und überhaupt nur anhangsweise hierher zu zählen ist.

Für die gegenseitige Lagerung der Massive im Bereich von Blatt XIX gelten noch folgende allgemeinere Regeln.

Wo zwei Massive von Nord in Süd aneinandergrenzen, ist das nördliche über das südliche geschoben, das Einfallen in Norden.

Wo zwei Massive von West in Ost an einander grenzen, ist das östliche über das westliche geschoben, das Einfallen in Osten.

Wo an einem Massiv eine Einkerbung, eine quer zum Rande verlaufende Einfaltung erscheint, liegt sie auf der Nordseite und hat ein Einfallen in Osten.

Wenn diese Regeln auch nicht unbedingt gültig sein sollten, werfen sie doch ein gewisses Licht auf Entstehung und Wesen der Massive und zerstreuen jeden Zweifel an der Faltungstheorie.

Es kommen allerdings auch stellenweise Ausnahmen vor, aber sie sind unbedeutend. (So ist die Lagerung am Passo del Sassone, Blatt XVIII, südlich, in der ganzen Streichungslinie von da in Westen bis Cercino und noch über die Grenze der Blätter XIX und XX hinaus nördlich.)

Im Ganzen aber stellt sich für unser Gebiet eine gewisse Gliederung benachbarter Massive heraus, an der auch die beiden Extreme, das Gotthardmassiv im Norden, das Seegebirge im Süden, noch Theil nehmen.

Das Gotthardmassiv.[1]

Es streicht von Südwesten (Brieg) über den Gebirgsstock des St. Gotthard in Nordosten (Vrin).

Von diesem Massiv fällt auf das Gebiet von Blatt XIX nur ein schmaler Streifen von Airolo bis zum Lukmanier und zum Piano di Segno.

Die Reihenfolge der Formationen ist hier:

5) Grauer Bündner Schiefer, Nufenenschiefer (Lias?).

4) Kalk und Dolomit mit Gyps. Entweder zur Trias- (?) oder zur Unterregion des grauen Bündner Schiefer gehörig. (?)

3) Glimmerschiefer mit Hornblende, Chenopodit.

2) Glimmerschiefer.

1) Gneiss.

Das Fallen geht steil in Norden und die Lagerung der Gesteine von Airolo zum St. Gotthard ist umgekehrt (widersinnig). Vergl. Profil-Tafel I, Fig. 1. Das Gotthardmassiv überschiebt das Tessiner Massiv.

Hier wie im Süden am Rande des gegenüber hervortauchenden Tessiner Massivs fehlen Verrucano-Aequivalente und grüne Bündner Schiefer.

---

[1] B. Studer, Geologie der Schweiz. Bd. I. 1851. Seite 109 u. 194. Centralmasse des Gotthards.
E. Desor, Gebirgsbau der Alpen. 1865. Seite 25.
G. vom Rath, Beobachtungen im Quellgebiete des Rheines. 1862. Seite 371 u. 375.

Das Tessiner Massiv.[1]

Es liegt südlich vom Gotthardmassiv und hat eine bedeutende Längen- und Breitenausdehnung. Es zieht mit einer Breite von 30—40 Kilometer zwischen Val Sambuco bei Fusio und Centovalli aus Westen von Blatt XVIII auf Blatt XIX, wovon 30 allein auf den Gneisskern kommen, und geht in Osten zwischen Bergell und Veltlin mit 20 Kilometer Breite auf Blatt XX.

Das Streichen dieses Massivs ist in der betreffenden Strecke meist genau westöstlich und geht nur von Hinterrhein über die Forcola bis Chiavenna erst von Norden nach Süden, dann nach Südosten, um bei Chiavenna wieder die Richtung nach Osten anzunehmen.

Die nördliche Grenze ist von Airolo an bis zum Rheinwaldstock eine breite Zone derselben Formationen, die am Südabfall des Gotthardmassivs aufgezählt wurden. An der Forcola deutet sie nur noch ein schmaler Glimmerschieferzug an, der weiter im Osten in das Bergell streicht.

Die südliche Grenze verläuft, wie schon angedeutet wurde, vom Passo del Sassone im Piemont (zwischen Bagni di Craveggia und Stadt Craveggia, Blatt XVIII) bis Cercino im Veltlin meistens genau westöstlich. Sie ist von Craveggia über Losone (Locarno), Val Morobbia und den Joriopass bis Gravedone nur durch abgebrochene Einlagerungen jüngerer Gesteine angedeutet, vergl. S. 10, 11 und 27. Von Gravedona an in Osten über Dubino deutet sie ein zusammenhängender Zug von grünem Schiefer (Verrucano-Aequivalent) und von Triasdolomit an, der am steilen Absturz von San Giuliano (Dubino) zur Maira- und Addaebene

[1] *B. Studer*, Geologie der Schweiz. Bd. I, 1851. S. 226: Die Tessiner Alpen. S. 242: Das Adulagebirge. S. 260: Centralmasse des Bernina.
E. Desor, Gebirgsbau der Alpen. 1865. S. 25: Centralmasse des Tessin. S. 26: Centralmasse des Adula. S. 29: Centralmasse des Bernina.
F. Rolle, Geolog. Verhältn. Chiav. 1878. S. 19: Tessiner Massiv. S. 21: Massiv des Monte della Disgrazia und des Bernina.
G. Theobald, Die südöstlichen Gebirge von Graubünden. 1866. S. 10 u. 242. Das Albigna-Disgraziagebirg.
A. Escher und B. Studer, Geolog. Beschreibung von Mittelbünden. 1839. S. 16: Centralmasse des Bernina. S. 12: System der Adulagebirge (zum Theil).

als deutliche Muldenbildung blosgelegt wird. Im Süden von da liegt das von Prof. *B. Studer* 1851 unter der Bezeichnung „Seegebirg" unterschiedene Massiv.

Was die Umlagerung des Tessiner Massivs durch jüngere Formationen betrifft, so ist sie an der Nordseite, namentlich in der Strecke von Airolo in Osten bis zum Piano di Segno und in Südosten bis in die Gegend von Faido und Chironico sehr vielgestaltig und lässt eine doppelte Einmuldung mit zwei Zonen von Bündner Schiefer, vier Zonen von Dolomit und dazwischen einen Sattel von Glimmerschiefer erkennen. Eine wiederholte Abknickung, ein Zikzakverlauf, ist im Zug des Dolomits vom Lukmanier in Südosten bis zum Piano di Segno, von da in Westen bis Airolo, von da in Südosten bis Prato und Piumogna, endlich von da in Westen über Alp Campolungo bis Fusio zu bemerken und lässt auf die Energie und die streckenweise wechselnde Druckrichtung bei der Bildung der beiden hier einander gleichlaufenden Massive, des Gotthardmassivs im Norden, des Tessiner Massivs im Süden, zurückschliessen. Das Einfallen geht dabei meistens unter das Gotthardmassiv, welches also das Tessiner Massiv überschiebt.

An der Grenze des Tessiner Massivs gegen das Liromassiv von Hinterrhein in Süden bis Mesocco und von da in Südosten über den Forcolapass bis Chiavenna, endlich im ganzen unteren Bergell schiebt sich dagegen das Tessiner Massiv unter das Liromassiv ein.

Durch die ganze Südgrenze von Centovalli bis in's Veltlin herrscht nördliches Einfallen. Das Tessiner Massiv überschiebt hier das im Süden vorliegende Massiv des Seegebirgs. Der Gesammtdurchschnitt durch das Tessiner Massiv ergibt also einen breiten, vielfach zusammengesetzten Sattel mit schiefer nach Norden fallender Mediane.

Das Tessiner Massiv wird durch eine Reihe von breiten aus Norden nach Süden herabziehenden Thälern in eine Anzahl von westöstlich neben einander gelegenen Stücken abgetheilt, so durch den Brenno und den Tessin bis zum Lago Maggiore, dann im Osten von da durch die Maira, die untere Adda und den Comersee.

Diese querüber gehenden Thalbildungen verdanken ihren Ursprung erst der auf die Massivbildung nachfolgenden Erosion, die namentlich durch die ganze Tertiärperiode sich fortgesetzt haben mag und heute noch lebhaft fortdauert.

Sie knüpfen aber auch streckenweise an besondere Gestaltungen der Massivbildung an, die ihnen frühzeitig schon den Verlauf vorzeichneten.

So zeigt sich in der oberen Region von Val Blegno bei Olivone und Acquarossa eine deutliche Einbuchtung des Tessiner Massivs gegen Süden mit meridian streichenden Lagern, letzteres besonders auffallend bei Aquila und Dangio. Sie zeichnet dem meridianen Verlauf des Brenno (Val Blegno) bereits deutlich den Weg vor.

Weiter unten am Tessin lässt sich vielleicht in ähnlicher Weise das Abschneiden des grossen Veltliner Hornblendegneiss-Zuges auf einen frühzeitigen Vorgang (vergl. Seite 9) deuten, der nachmals auf den Lauf des Tessin Einfluss äusserte. Doch will ich auf letzteren Punkt minder Gewicht legen, da ich die sehr kritische Strecke von Melirolo bis Arbedo nicht vollständig aufnehmen konnte.

Was die Ueberquerung des Tessiner Massivs durch die breite Ebene der Maira und den Comersee betrifft, so scheint sie ähnlicher Weise durch das Abschneiden der Amphibolit- und Lavez-Zone von Chiavenna prädestinirt zu sein. Aber es lässt sich auch hier kein sicherer Schluss erzielen. Namentlich da am Comersee westöstlich streichende Lager, wie z. B. der Dolomit von Gravedona und Dubino, ungestört übersetzen und erst weiter westlich die Mulden-Basale ansteigt.

Dies ist alles, was sich zu Gunsten einer Beziehung des Baus des Tessiner Massivs und der es durchquerenden grossen Flussthäler auftreiben lässt.

Wie dem auch sei, so ist doch hier einzufügen, dass *G. Theobald* 1866 in seiner Arbeit über Blatt XX das östlich von der Maira gelegene Stück des Tessiner Massivs als selbständiges Gebirgsstück unter der Bezeichnung „Albigna-Disgrazia-Gebirg" abschied. *B. Studer* zählte es 1839 und 1851 noch dem Berninamassiv zu.

Da aber zu Gunsten der Annahme, dass die grossen überquerenden Fluss- und Seethäler eine engere Beziehung zum Bau der Massive zeigen, sich, wie schon gesagt, nur wenig Argumente beibringen lassen, ziehe ich vor, das Albigna-Disgrazia-Gebiet dem Tessiner Massiv anzurechnen, von dem es nur eine späte Thalausnagung scheidet, während die Gesteinslager meistens unentwegt im Streichen anhalten.

Theobald grenzt auf Blatt XX das Albigna-Disgrazia-Gebirg von dem im Osten sich anschliessenden Berninamassiv mit dem Ordlegnathal, dem Murettopass und dem bei Sondrio zur Adda ausmündenden Malero- oder Malenco-Thal ab. Der nördliche Theil dieser Abgrenzung ist nach *Theobald*'s Kartirung durch jüngere Einlagerungen beiläufig in der Linie Nordnordwesten in Südsüdosten bezeichnet. Weiter in Süden aber streichen die jüngeren Gesteine unmittelbar von einem Massiv, aus Westen in Osten, in's andere über.

Das Albigna-Disgrazia-Gebirg ist also vom Berninamassiv durch eine starke, nicht ganz meridiane Einbuchtung, in welcher Züge von jüngeren Gebilden eingelagert sind, halbwegs getrennt, also immerhin von demselben stärker als vom Tessiner Massiv abgesetzt, von dem es nur eine breite jüngere Thalebene scheidet. Ueberhaupt aber sind auch das Tessiner Massiv und das Berninamassiv nur als Glieder eines und desselben weststöstlichen Massivs aufzufassen, das nur an der Nordseite durch Einkerbungen in besondere Unterabtheilungen abgegliedert erscheint.

Ausgezeichnet ist das von *Theobald* als Albigna-Disgrazia-Gebirg unterschiedene Gebirgsstück durch das mächtige Auftreten von Granit bei Novate und Codera.

Der Granit erscheint aber auch an der Westseite des Lago di Mezzola (an der Capelle San Fedele) und hier ebenso ausgezeichnet, wie bei Riva und Novate, durch zahlreiche mächtige Schollen von Gneiss und von Hornblendegesteinen. Er wird dadurch unverkennbar als Gangbildung gekennzeichnet. Aber es frägt sich, ob er einen eruptiven Gang oder eine von oben her aufgefüllte Kluft darstellt. Für die eruptive Natur entscheidet sich *Studer* 1851. Ebenso *Theobald* 1866.

Aber da der Granit zu beiden Seiten des Mezzolasees, im Westen bei
Capelle San Fedele, im Osten bei Riva und Novate, auffallend viele Schollen
von Hornblendegesteinen einschliesst, könnte man auch daran denken, die fremden
Gesteinsschollen seien Bruchstücke von einer etwas jüngeren, ehemals über den
Gneiss ausgebreiteten Formation und von oben her hereingelangt. Ich lasse diese
Aufgabe in der Schwebe, wiederhole aber, dass das Gebirg von Novate und
Codera mit der abschreckenden Schroffheit seiner Abfälle und dem schwer zu
deutenden Charakter seiner Gesteine und Lagerungsverhältnisse eine der dunkelsten
Stellen in dem hier erörterten Gebiet darstellt.[1]

Das Seegebirge.[2]

Im Süden vom Tessiner Massiv, dem Albigna-Disgrazia-Gebirg und dem
Berninamassiv folgt noch eine langgestreckte Zone krystallinischer Gesteine,
von welcher ein schmaler Streifen von Centovalli über Locarno und den Joriopass bis in's Veltlin auf Blatt XIX fällt.

Prof. *Studer* hat diese südlichste Randzone der Alpen als Seegebirge
ausgeschieden und man kann vorläufig dieser Unterscheidung nur beistimmen,
wenngleich das hier zusammengefasste Gebiet weder Charaktere eines ausgeprägten Massivs zu bieten, noch überhaupt in seiner Konstruktion viel Ein-
heitliches zu enthalten scheint.

Im Allgemeinen dürfte es eine schwach ausgeprägte, mannigfach gestaltete
Welle der Alpenfaltung darstellen, bei welcher nicht mehr der zur Erzeugung
einer ausgeprägten Massivbildung erforderliche Betrag von Energie entwickelt
wurde. Dieser scheint beim Gotthardmassiv den höchsten Grad erreicht zu

---

[1] Vergl. *H. Studer*, Geologie der Schweiz. I. 1851. S. 285, 286.
G. *Theobald*, Südöstl. Graubünden. 1866. S. 263—265.
F. *Rolle*, Uebers. d. geol. Verh. v. Chiavenna. 1878. S. 23, 24 u. 35.
[2] *B. Studer*, Geologie der Schweiz. I. 1851. S. 254. Seegebirge.
E. *Desor*, Gebirgsbau der Alpen. 1865. S. 28. Centralmasse der vier Seen.
F. *Rolle*, Geol. Verh. Chiav. 1878. S. 24. Seegebirge.

haben, äusserte sich im Tessiner Massiv mehr in breiterer, nur gering in die Tiefe gehender Form (mehr extensiv als intensiv) und schliesslich nur noch in geringem Grad und in schwach ausgeprägter Form im Seegebirge, welches ein Massiv engeren Sinnes überhaupt nicht mehr ist, eher als eine complementäre Randzone sich herausstellen dürfte.

Der auf Blatt XIX fallende Theil des Seegebirgs bietet selbst mit Einbeziehung der auf den anstossenden Blättern XVIII, XXIV u. XX dargestellten Partien nur wenig Anlass zu allgemeineren Ergebnissen.

Im Westen herrscht Gneiss. Als Grenze kann die muldenförmig eingelagerte Glimmerschiefermasse des Passo del Sassone bei Craveggia (Piemont, Blatt XVIII) gelten. Sie reicht vielleicht im Osten auf Tessiner Gebiet. Doch suchte ich am Passo di Segna zwischen Val Onsernone und Centovalli vergeblich darnach. Den nächsten Anhaltspunkt gewährt die in Gneiss eingekeilte Partie von Glimmerschiefer und grünem (paläozoischem?) Schiefer von Losone bei Locarno. Weiter im Osten legt sich die breite westöstlich gestreckte, ein Längsthal darstellende Ebene des Tessin an.

Noch weiter im Osten erreichen wir bei Velano und Melirolo (Val Morobbia) die westöstlich streichenden Lager jüngerer Gebilde, die von da an über den Joriopass und Gravedona in's Veltlin anhalten und auf eine Strecke von etwa 35—36 Kilometer mit ungewöhnlicher Gleichförmigkeit und genau westöstlichem Streichen eine in die Augen fallende Grenze zwischen Tessiner Massiv und Seegebirge ergeben. Von Velano und Melirolo an legt sich in Süden Glimmerschiefer vor und bleibt über den Joriopass und Gravedona in Osten herrschend bis in's untere Veltlin.

Vergleichen wir das in Süden anstossende geologisch colorirte Blatt XXIV (Lugano und Como), so treffen wir in Osten, am Lago Maggiore, bis Canobbio Gneiss angegeben und in Süden und Osten von da noch ein ausgedehntes Gebiet von Glimmerschiefer u. dgl. Der Glimmerschiefer hält von da in Osten über den Comersee hinaus an und stösst bei Bellano auf eine Verrucano-Zone und auf das Syenitgebirge von Cortabbio und Introbbio, das vielleicht einen dem Hornblendegneiss des Veltlins entsprechenden Massivkern andeutet (*B. Studer*, 1851. S. 439).

Auf der ganzen Strecke von Centovalli bis in's Veltlin erscheint das Tessiner Massiv dem Seegebirge überschoben, das Fallen geht durchweg nach Norden. Im Westen ist vielleicht der umgekehrte Fall. Der Glimmerschiefer des Passo del Sassone bei Craveggia fällt nach Süden. Die westlichere Gegend kenne ich nicht.

Das Liro-Massiv.[1]

Dieses im Osten vom Bernhardinpass und vom Forcolapass und im Norden vom Bergell gelegene, von einem bald weit ausgebreiteten, bald stark verschmälerten Saum jüngerer Gesteine umzogene Massiv wurde schon wiederholt berührt (vergl. S. 11 und 28).

Es fällt fast ganz auf Blatt XIX, nur zum kleineren Theil im Norden auf Blatt XIV und im Osten auf Blatt XX.

Der eigentliche Kern desselben ist ein westöstlich streichender Zug von Gneiss, der vom Lago di Truzzo und vom Passo della Forcola nach Osten zieht, zwischen Campodolcino und Chiavenna von dem tief einschneidenden meridianen Thal des Liro (Val San Giacomo) durchsetzt wird und im Osten von da über Castasegna auf Blatt XX fortsetzt. Er erreicht 5—6 Kilometer Breite und über 20 Kilometer Länge.

Rings um diesen Centralkern von Gneiss legt sich ein Mantel von Glimmerschiefer, schmal im Bergell, bis auf $1/2$ Kilometer verengt am Forcolapass, breit ausgedehnt auf der Nordseite bis Alp Areue, den Splügenpass und Avers. Zählt man den Glimmerschiefer noch zum Massivkern, so erhält man einen fast kreisrunden oder rundlich-rhomboidischen Umriss.

Die weitere Umlagerung des Liro-Massivs ist bald rechtsinnig, bald widersinnig. Auf der ganzen Strecke von Hinterrhein über den Bernhardinopass,

---

[1] B. Studer, Geologie der Schweiz. Bd. I. 1851. S. 248. Suretagebirge.
E. Desor, Gebirgsbau. 1865. S. 27. Centralmasse des Sureta.
F. Rolle, Geolog. Verh. Chiav. 1878. S. 9. Liro-Massiv.
A. Escher und B. Studer, Geolog. Beschreibung von Mittelbünden. 1839. S. 12. Adulagebirge (zum Theil), S. 24. Madrisgebirge.

Mesocco, den Forcolapass und im Bergell von Chiavenna bis Castasegna ist das Liro-Massiv dem Tessiner Massiv überschoben. Die jüngeren Formationen fallen vom Tessiner Massiv ab und unter das Liro-Massiv ein, zu oberst die Bündner Schiefer. Ebenso ist das Einfallen der jüngeren Formationen widersinnig in der Strecke von Hinterrhein nach Osten über Splügen.

Rechtsinnig ist das Einfallen meist in Ferrera, Avers und Madris. Hier ist die Lagerungsfolge auch am vollständigsten und begreift sechs Glieder:

6. Grauer Bündner Schiefer.
5. Grüner Bündner Schiefer.
4. Triaskalk und Dolomit.
3. Rofla-Gneiss (Verrucano-Aequivalent).
2. Glimmerschiefer.
1. Gneiss.

Die Herren *Escher* und *Studer* unterschieden dies Massiv bereits 1839 [1] unter dem Namen **Suretagebirge** und betrachteten den mächtigen zu 3025 und 3039 Meter Meereshöhe aufsteigenden Surettastock als seinen Hauptkern. Sie zählten es zum Adulasystem. Da aber der Surettastock aus dem grünglimmerigen Rofla-Gneiss besteht, den noch das mächtig entwickelte Glimmerschiefer-Lager vom eigentlichen Kern des Massivs, dem gewöhnlichen braunglimmerigen Gneiss, trennt, musste ich mich für eine andere Benennung entscheiden.

Wohl aber lässt sich das Liro-Massiv noch in zwei besondere Gruppen abtheilen, die gegen Norden zu eine stark in den Vordergrund tretende meridiane Einmuldung jüngerer Gesteine, Kalk und Dolomit der Trias, von einander scheidet.

Es ist dies der schon Seite 16 u. 17 erwähnte meridiane Muldenzug des Häusernbachthales auf der Graubündner, der breite Kalkstock der Andossi auf der italienischen Seite des Splügenpasses. Es sind offenbar getrennte Stücke eines und desselben Muldenzugs von östlichem Fallen.

---

[1] Geolog. Beschr. v. Mittelbünden. 1839. S. 83.

Der Splügenpass fällt in diese meridiane Strecke des nördlichen Flügels des Liro-Massivs zwischen Tambohorn und Surettastock.

Der Splügenpass benutzt, sagt *B. Studer*, Geologie der Schweiz. Bd. I. 1851. S. 249, die Sohle eines isoklinalen Thals. Ich sehe hier die gehobene Basale eines meridianen Muldenzugs, der am Splügenpass eine grössere Erhebung und eine stärkere Abtragung erlitten hat, während er im Norden und im Süden noch Haugendlager führt.

Der Splügenpass gehört in dieser Hinsicht in dieselbe Kategorie mit dem Forcolapass, dem Joriopass u. a., die man „intermassive Pässe" (noch allgemeiner „streichende Pässe") nennen könnte. Auch sind diese drei Pässe isoklinal, indem ihre Mulden geneigte Medianen erhalten haben, wie dies an der Grenze der Massive und ihrer Unterabtheilungen Regel ist.

Nach diesem durch eingelagerte Partien von Triaskalk und Dolomit, die man nur als gestörte, unregelmässig gewordene Muldeneinlagerungen deuten kann, bezeichneten meridian streichenden Gebiet des Nordflügels des Liro-Massivs kann man an der Westseite des Splügenpasses eine Tambogruppe, an der Ostseite eine Surettagruppe unterscheiden.

Es fällt sogar ein entscheidendes Gewicht auf diese Zweitheilung des Nordabhangs des Liro-Massivs, wenn man die ganz ähnliche meridiane Einmuldung an der Nordseite des Tessiner Massivs bei Olivone, Aquila und Acquarossa (Seite 33) in Betracht zieht und sich weiterhin die meridianen Einlagerungen an der Ordlegna und dem Murettopasse, nach denen *Theobald* das Albigna-Disgrazia-Gebirg vom Berninamassiv abscheidet (Seite 34), in's Gedächtniss zurückruft.

In diesen drei Fällen liegt dieselbe Erscheinung vor Augen, im Süden westöstlich überstreichende Schichten, am Nordflügel Einbuchtungen mit meridian streichenden Einlagerungen. Diese Erscheinung ist also auf ein allgemeineres Gesetz in der Massivbildung der Alpen zurückzuführen, wenigstens für die hier in's Auge gefasste Gegend, in welcher die benachbarten Massive gleichsam an einander gelenkt erscheinen.

Und dieses allgemeinere Gesetz lautet beiläufig folgendermassen:

Die Bildung der im Streichen aneinander gereihten, oder im Streichen alternirend geordneten Massive ist wesentlich eine Folge von Emporwölbung durch einen von Norden und von Süden her wirkenden Druck, und das Streichen ist hier vorwiegend von Westen nach Osten oder von Südwesten nach Nordosten. Und hie und da erscheinen in den die Sättel trennenden Mulden die jüngeren Gesteine in demselben Streichen eingelagert, namentlich die metamorphen Triaskalke oder auch darüber noch die Bündner Schiefer, vorwiegend mit nördlichem Einfallen.

Aber stellenweise macht sich eine meridiane Einfaltung geltend, jüngere Gesteine erscheinen darin eingelagert und die Schichten streichen hier meridian, mehr oder minder quer zum normalen Alpenstreichen. Das Einfallen geht hier vorwiegend nach Osten. Dies ist nun offenbar eine Folge von seitlichem Druck aus Osten und Westen und erscheint besonders da, wo die Energie der Gebirgsstörung am mächtigsten war, also in unserem Gebiet an der Nordseite der Massive, bei Olivone, am Splügenpass, und auf Blatt XX am Murettopass.

Darnach, wenn diese zwei Erscheinungen nur Ausdrücke eines und desselben Bildungsgesetzes sind, dürfte man auch das Berninamassiv nicht am Murettopasse vom Tessiner Massiv abtrennen, sondern nur eine halbwegs eintretende Theilung durch Einkerbung des Nordrandes zulassen.

Jedenfalls wird daraus klar, dass die Abtheilung der Alpenkette in Massive und die Ermittelung der daraus hervorgehenden Bildungsgesetze noch längere Zeit eine brennende Frage der Alpengeologie bilden wird.

Was die Ueberschiebungen betrifft, so ist das Gotthardmassiv über das Tessiner Massiv, das Tessiner Massiv über das Seegebirge, das Liro-Massiv über das Tessiner Massiv, nach *Theobald*'s Eintragungen schliesslich auch das Berninamassiv über das Albigna-Disgrazia-Gebirg (Tessiner Massiv) hinausgeschoben. Damit ergibt sich für Blatt XIX im Ganzen die Sattelform der Massive mit westöstlichem Streichen, schiefer Mediane und vorwiegend nach Norden gerichtetem Einfallen. Der Druck bei der Aufsattelung der Massive ging also wohl meist von Süden aus, während der Widerstand und die Aufstauung im Norden am grössten war. Wenigstens erscheint im Norden die am höchsten gesteigerte Wirkung.

In den durch meridiane Mulden- und Sattelbildung ausgezeichneten Gebieten, Olivone, Aquila und Acquarossa im Val Blegno, Mesocco, Splügenpass und Andossi, auch in Ferrera, Avers und Madris, nach *Theobald's* Eintragungen auch am Murettopass herrscht östliches Fallen. Der Seitendruck mag von Osten ausgegangen sein, der grössere Widerstand im Westen vorgelegen haben. Hier hat sich zwischen die westöstliche Faltung eine örtlich begrenzte nordsüdliche Faltung, eine örtliche Zerknitterung, eingeschaltet.

Ich gelange für das Gebiet von Blatt XIX und den zunächst anstossenden Theil von Blatt XX zu folgender Uebersicht der Massive und ihrer Unterabtheilungen:

I. Das Gotthardmassiv.
II. Das Tessiner Massiv.
  1. Das westliche Stück bis zur Einbuchtung von Olivone, Aquila und Acquarossa im Val Blegno.
  2. Das mittlere Stück von Olivone an über das Mairathal hinaus bis zum Murettopass, mit *Studer's* Adulagebirg von Olivone an bis zum Mairathal, und *Theobald's* Albigna-Disgrazia-Gebirg von der Maira an bis zum Murettopass (beide letztern Unterabtheilungen nur durch späte Thalerosion getrennt).
  3. Das östliche Stück oder das Berninamassiv vom Murettopass an in Osten (Blatt XX).
III. Das Liro-Massiv.
  1. Westliche Hälfte, Tambogruppe.
  2. Oestliche Hälfte, Surettagruppe.
IV. Das Seegebirge.

Im Jahr 1878 stellte ich ein ähnliches, aber in Einzelnheiten etwas anders geordnetes Schema der Massive auf, bei welchem den sehr spät erst entstandenen Querthälern, namentlich dem der Maira und des Comersees, noch zu viel Rechnung getragen war.

Ich erkenne jetzt im Tessiner Massiv und dem Albigna-Disgrazia-Gebirg nur zwei geographisch unterscheidbare Stücke desselben Massivstreichens. Die querüber gehenden Thäler sind zwar für die geographische Unterscheidung bequeme Merkzeichen, können aber bei Ermittelung des wesentlichen Baues der Massive nur entfernt in Betracht kommen und erweisen sich eher als späte und örtliche Nachwirkungen gewisser Einzelheiten desselben.

Auch erkenne ich jetzt im Tessiner Massiv und im Berninamassiv nur Stücke desselben an der Südseite ununterbrochen fortstreichenden, an der Nordseite durch eine meridiane Einlappung halbwegs geschiedenen Massivs.

Erklärung der Tafeln.

Taf. I, Fig. 1. Profil vom Südrand des Gotthardmassivs (Giubiug) über Madrano und Stalvedro zum Nordrand des Tessiner Massivs (Pizzo di Rode).

Alle Schichten fallen steil nach Norden unter das Gotthardmassiv. Dolomit und grauer Bündner Schiefer liegen in zwei Mulden, zwischen welchen bei Madrano und Stalvedro der Glimmerschiefer als Sattel emporsteigt. Der Gyps von Madrano und Val Canaria ist zwar in diesem Durchschnitt als Inneres einer Dolomitmulde eingetragen, erscheint an andern Stellen in der Nähe aber an der Basis des Dolomits und nimmt also keine bestimmte Stellung in der Schichtenfolge ein. Die zwei Mulden gehen in Westen bei Airolo zu einer einzigen zusammen, treten aber gegen Osten weiter auseinander.

Taf. I, Fig. 2. Profil vom Südrand des Gotthardmassivs (Val Cadlimo) über Val Piora und durch die obere Leventina zum Nordrand des Tessiner Massivs.

Es ist 6—7 Kilometer weiter im Osten dem vorigen parallel gelegt. Die beiden Mulden jüngerer Einlagerungen sind hier weiter auseinander gerückt, der trennende Sattel von Glimmerschiefer deutlicher geworden. Die nördliche Mulde fällt nach Norden, die südliche nach Süden.

Der Lago Cadagno (1921 M.) in Val Piora fällt auf ein Dolomitlager und ist offenbar ein Einsturzsee. Der Lago Tremorgio (1828 M. Meereshöhe) bildet einen tiefen, steilwandigen Abgrund im Bündner Schiefer und ist unabhängig von jeder anderweitigen Thalbildung. Er kann auch kaum anders als durch einen Einsturz erklärt werden, sei es nun dass ein ehemaliges Dolomit- oder ein Gypslager einen solchen veranlasste.

Taf. I, Fig. 3. Profil vom Piano di Segno (Lukmanierstrasse) über Calonico (Val Leventina).

Es ist 10 Kilometer weiter im Osten dem vorigen parallel geführt. Die jüngeren Gesteine der südlichen Mulde sind stark abgetragen und ihnen entspricht nur noch ein vereinzelter sölig gelagerter Fetzen von Dolomit bei Matengo im Osten über Val Leventina.

Die weiter im Norden dem Glimmerschiefer mit nördlichem Einfallen aufgelagerten jüngeren Gesteine stellen die Fortsetzung des nördlicheren Muldenzugs von Airolo und Val Piora dar.

Augenfällig ist zwischen Matengo und Calonico die verringerte Mächtigkeit des Glimmerschiefers. Dasselbe wiederholt sich weiter oben im Tessinthale bei Dazio Grande. Diese Erscheinung ist schwer zu erklären. Vielleicht war dies Gebiet zur Zeit der Steinkohlenbildung und des Verrucano ein der Erosion ausgesetztes Festland, eine alte mit dem heutigen Verlauf des Tessin streckenweise zusammentreffende Thalbildung, deren weiteren Verlauf wir nicht kennen. Auf dem ausgenagten Glimmerschiefergebiet lagerte sich später ein mariner Kalk ab, der jetzt Dolomit darstellt (vergl. oben Seite 16).

Taf. II, Fig. 4. Profil von Ghirone (Val Camadra) über Olivone (Val Blegno).

Es ist im Osten etwa 8 Kilometer von Profil Fig. 3 und demselben fast parallel geführt.

Die grauen Bündner Schiefer gewinnen hier eine ausserordentliche Mächtigkeit, jedenfalls über 1000 Meter. Der Glimmerschiefer fällt am Fusse des Simano (zum Tessiner Massiv und *Studer's* Adulagebirge gehörig) widersinnig unter Gneiss ein, wird aber in grösserer Tiefe wohl rechtsinnig von ihm wieder abbiegen.

Taf. II, Fig. 5. Profil vom Pizzo di Molare in Osten nach Val Blegno. Es geht an der Westseite nahe von der Mitte vom Profil Taf. I, Fig. 3 ab und endet im Osten zu Pian Premesti, am Nordabhang des Simano (Taf. II, Fig. 4).

Der flach auf Glimmerschiefer aufliegende Dolomit von Monti Sordo ist ein abgetrennter Fetzen, der dem von Matengo (Taf. I, Fig. 3) nahezu entspricht.

In Osten liegen im Val Blegno trotz reichlicher Aufschlüsse einige Schwierigkeiten vor. Bei der Colorirung dieses Theils von Blatt XIX wurde angenommen, dass am Grumascio-Berg bei Torre zwischen Dolomit und grauem Bündner Schiefer ein Zug von Glimmerschiefer durchstreicht. In petrographischer Hinsicht ist dies auch ausser Zweifel. Beim Entwurf des Profils habe ich aber der Annahme Rechnung getragen, dass dieses Lager Glimmerschiefer nur ein stärker umgewandeltes Liegendes des grauen Bündner Schiefers ist. Andernfalls hätte eine Kluft an der Westseite des Grumascio angenommen werden müssen, wozu sonst kein bestimmender Anlass vorliegt. Auch sind noch an anderen Orten des Gebiets von Blatt XIX die obersten Lager des Glimmerschiefers von problematischem Alter (z. B. am Splügenpass und in Avers) und Lager von Glimmerschiefer im grauen Bündner Schiefer nichts seltenes.

Im Osten von Torre folgt das Profil der Hypothese, dass unter einer Decke von Haldenschutt verborgen das Dolomitlager von Monti Sordo und Ponte Valentino wieder ausstreicht und hier widersinnig unter Glimmerschiefer einfällt, wie auch auf Profil Fig. 4 der Dolomit von Val Soja unter Glimmerschiefer und dieser unter den Gneiss des Simano eintaucht.

Taf. II, Fig. 6. Profil von Stadt Craveggia über Passo del Sassone und Bagni di Craveggia in Piemont nach Val Vergeletto im Kanton Tessin.

Dieser Durchschnitt fällt auf Blatt XVIII, musste aber ausgeführt werden, da an der Grenze von XVIII und XIX das Gebirg weit schroffer und meist unzugänglich ist.

Die Glimmerschiefermulde des Passo del Sassone wurde oben wiederholt (vergl. S. 10, 36) als muthmasslicher Rest des ehedem hier das Tessiner Massiv vom Seegebirge scheidenden Muldenzugs aufgeführt. Sie fällt in Süden, während sonst im Osten an der Scheidung beider Massive nördliches Fallen herrscht. Wahrscheinlich setzt der Glimmerschieferzug des Passo del Sassone auch zwischen Val Onsernone und Centovalli im Osten auf Blatt XIX fort, doch traf ich ihn schon am Passo di Segna (zwischen Mosogno und Verdasio) nicht mehr an.

Profil 6 fällt beiläufig in Süden von Profil 1. Dazwischen liegt nur das breite Gneissgebiet des Tessiner Massivs.

Taf. III, Fig. 7. Profil vom Passo di Nara (im Süden vom Pizzo di Molare) durch Val Blegno in den Ursprung des Val Malvaglia am Fuss des Rheinwaldstocks.

Es verläuft etwa ein Kilometer südlich von Profil 5 und kreuzt sich mit Profil 4 am Simano.

Die Einmuldung der jüngeren Formationen in der Einkerbung des Nordrandes des Tessiner Massivs beschränkt sich hier auf das flach, auf Glimmerschiefer ruhende Dolomitlager von San Carlo bei Prugiasco (Ponte Valentino, Taf. II, Fig. 5). Der Glimmerschiefer fällt widersinnig unter den Gneiss des Simano. Aber die Auflagerungsstelle liegt unter einer mächtigen Schutthalde verborgen. Der Gneiss scheint einen Sattel mit schiefer in Osten fallender Mediane darzustellen und im Osten desselben beginnt wieder der eine Flügel einer Einmuldung von Glimmerschiefer, die dann am Gneiss des Rheinwaldstocks abstossen dürfte.

Dieses Profil zeigt auch bei Prugiasco und San Carlo die Einlagerung des Eisenglimmerschiefers in der Oberregion des Glimmerschiefers.

Taf. III, Fig. 8. Profil aus dem Tessiner Massiv, Val Calanca über Mesocco nach dem Westrande des Liro-Massivs, Kanton Graubünden.

Die Schichten fallen nach Osten, der Gneiss unter die Einmuldung jüngerer Gesteine im Val Mesocco, diese unter den Glimmerschiefer des Liro-Massivs.

Auffallend ist die ungleichflügelige Bildung der Mesocco-Mulde. Die Muldenconstruction ist überhaupt hier problematisch und es ist vielleicht eine einfache Ueberschiebung der umgewandelten Schichtenfolge des Liro-Massivs über den Gneiss des Tessiner Massivs, Abreissung und nachmalige Abtragung des westlichen Stocks von Glimmerschiefer und Bündner Schiefer, anzunehmen. Die nähere Erklärung ist so wie so misslich.

Zu Doira in Val Mesocco ist der südlichste Punkt im Auftreten des grünen Bündner Schiefers auf Blatt XIX.

Taf. IV, Fig. 9. Profil über Ascona und Losone bei Locarno nach Avegno im unteren Val Maggia, Kanton Tessin.

Die Schichten fallen steil in Norden. Das Profil überquert den öfter erwähnten westöstlichen Zug jüngerer Gesteine bei Losone, den ich als Grenze des Tessiner Massivs und des Seegebirgs betrachte.

Die Schichtenfolge vom Ufer des Lago Maggiore an in Norden ist Gneiss, darüber schwarzer Hornblendeschiefer (Amphibolit), darüber in sehr steiler, stellenweise sogar saigerer Aufrichtung der grüne und graue Thonschiefer von Madonna della Fontana bis Losone. Er ist unbekannten Alters, vielleicht paläozoisch. Ueber ihm liegt weiter im Norden der Glimmerschiefer von Arcegno und dann folgt der Gneiss des Tessiner Massivs, der von da im Norden ein breites Gebiet einnimmt. Die Muldenconstruction des grünen Schiefers ist von zweifelhafter Art.

Profil 9 fällt beiläufig in den Meridian von Fig. 2 und 3. Dazwischen tritt nur Gneiss auf.

Taf. IV, Fig. 10. Profil über den Comersee, Gravedona und Livo, Oberitalien.

Der Durchschnitt überquert den westöstlich verlaufenden Zug des Trias-Dolomits am Sass Pell über Gravedona, welcher von da in Osten in fast ununterbrochenem Verlauf in das Veltlin fortsetzt. Der Dolomitzug liegt offenbar eingemuldet, wie die Vergleichung mit den östlicher folgenden Profilen, namentlich dem entscheidenden Profil von Dubino, ergibt. Aber die Einmuldung ist zwischen Gravedona und Livo ungleichflügelig. Eine nähere Erklärung ist schwierig. Die Unregelmässigkeit ist aber nur örtlich.

Taf. IV, Fig. 11. Profil über den Comersee, Colico, Oberitalien.

Der Durchschnitt ist 5 Kilometer östlich von Nr. 10 gelegt und schneidet dieselben Schichtenzüge.

Die Muldeneinlagerung des Triasdolomits ist deutlicher geworden. Von Vercana an hat sich ein schmales Glimmerschieferlager zwischen Hornblendegneiss und Triasdolomit angelegt, welches von da an in verbreitertem Zug in das Veltlin anhält.

Diese symmetrische Umgestaltung einer ungleichflügeligen Mulde im weiteren Fortstreichen ist eine sehr bemerkenswerthe Thatsache, die zur Erklärung der an anderen Orten im Bereich von Blatt XIX auftretenden ganz einflügeligen Einmuldungen jüngerer Formationen in älterem Gebirge angerufen werden kann. Es scheint, dass zuweilen bei starker Energie des Faltungsvorgangs an der Grenze zweier Massive der eine Flügel einer Mulde, nach einer in der Mediane eingetretenen Kluftbildung, abgerissen, hoch in die Höhe geschoben und nachfolgend abgetragen wurde. Aber für jeden einzelnen Fall bleibt es misslich, eine zutreffende Erklärung aufzutreiben.

Taf. V, Fig. 12. Profil durch den Lago Maggiore in Val Verzasca, Kanton Tessin.

Der Durchschnitt ist 6 bis 7 Kilometer in Osten von Nr. 9 geführt und geht ganz durch Gneissgebiet.

Das Streichen der jüngeren Schichten von Losone oder die Grenze vom Tessiner Massiv und Seegebirge würde sich auf der Mitte der Breite des Sees eintragen lassen. Aber jüngere Schichten sind überhaupt weithin im Osten nicht zu bemerken und legen sich weiter in Osten erst bei Velano und Melirolo im Val Morobbia wieder an. Es wurde daher davon abgesehen.

Taf. V, Fig. 13. Profil durch das untere Veltlin bis Cola bei Novate, Oberitalien.

Der Durchschnitt ist 8 Kilometer im Osten von Nr. 11 geführt.

Der Muldenzug der Triasschichten ist hier unzweifelhaft. Aber der Trias-Dolomit ist hier auf eine gewisse Strecke des Streichens abgetragen und die Mulde führt nur grünen Schiefer (Verrucano-Aequivalent) in Glimmerschiefer eingelagert. Weiter im Osten, auf Blatt XX (*Theobald*, Südöstl. Graubünden. 1866. Nachträge S. 347), legt sich der Kalkzug bei Mello und Dazio wieder an. Die Basale der Mulde muss also eine mehrfache Wellenlinie darstellen.

Der Durchschnitt des Hornblendegneisses am Monte Bassetta stellt einen Fächer dar. Da aber dieser Zug in seinem langen Fortstreichen im Osten (bis Melirolo und Velano im Val Morobbia) nur ein gewöhnliches zwischen Gneiss und Glimmerschiefer eingeschaltetes Lager ergibt, bin ich der Meinung, dass auch der Fächer des Monte Bassetta nur eine örtliche Erscheinung und auf unregelmässig gestaute Faltung zurückzuführen ist.

Zwischen Profil 11 und 13 fällt das von *G. Theobald* 1866 gegebene Profil von Dubino, Nr. 12. Ich bin mit dessen muldenförmiger Konstruktion ganz einverstanden. Nur kann ich der zu weit getriebenen Unterabtheilung der Formationen nicht beistimmen.

Taf. V, Fig. 14. Entblössung an der neuen Lukmanierstrasse im Nordwesten von Camperio, Kanton Tessin.

Die Entblössung fällt zwischen granatführenden Glimmerschiefer und grauen Bündner Schiefer. An der Grenze erscheint ein Lager von weissem Quarz, welches den Eindruck eines durch Verkieselung verdrängten Kalklagers macht.

Ich habe hauptsächlich darum diesen Durchschnitt dargestellt, weil sich aus demselben ergibt, dass in den krystallinischen Schiefern auf dem Gebiete von Blatt XIX ausgezeichnete Sattelbildungen, wenn sie auch nur selten in unmittelbarem Aufschluss nachzuweisen sind, doch nicht ganz fehlen.

Taf. VI, Fig. 15. Profil vom Passo Jorio (italienische Grenze) nach Grono im Val Mesocco, Graubünden.

Der Durchschnitt fällt zwischen Fig. 10 und Fig. 12 und zeigt die muldenförmige Einlagerung des metamorphen Triasdolomits von Alp Giggio im Val Morobbia, der im Streichen des Dolomits von Gravedona und des Veltlins liegt und mir als Grenze des Tessiner Massivs und des Seegebirgs gilt.

Der Hornblendegneiss, der bei Monte Bassetta (Fig. 13) einen Fächer ergibt, stellt in der Jorio-Gegend, wie überhaupt in allen westlichen Durchschnitten, ein einfaches Lager dar, welches widersinnig unter den Gneiss des Tessiner Massivs einfällt.

Taf. VI, Fig. 16. Profil von Val di Lei (Italien) über Campsut und die Plattner Alp zum Averser Weissberg oder Weisshorn, Graubünden.

Dieses Profil stellt Lagerungsverhältnisse am Nordostrand des Liro-Massivs dar und greift auch auf das im Osten angrenzende Blatt XX über.

Auf Gneiss folgt Glimmerschiefer, der im Val di Lei herrscht, darüber der grünglimmerige Roflagneiss (Verrucano-Aequivalent), hier durch glimmerschieferartige Gesteine vertreten, darüber Kalk und Dolomit der Trias, grüner Bündner Schiefer und grauer Bündner Schiefer.

Der wichtigste Theil des Profils ist die Mulde der Plattner Alp. Der innere Theil derselben ist der gewöhnliche graue Bündner Schiefer. Unter diesem aber erscheint im Westen ein grünes krystallinisches Gestein, welches ich im Jahr 1879 unter dem Namen Cucalit beschrieb. Dafür erscheint im Osten an dessen Stelle, als scheinbares Hangendes des grauen Bündner Schiefers, ein grünglimmeriger Gneiss, der in petrographischer Hinsicht sich in nichts von dem grünen Roflagneiss (Verrucano-Aequivalent) unterscheidet. Ich betrachte also Cucalit und grünen Gneiss als petrographisch weit auseinander gehende Modifikationen eines und desselben Lagers, welches hier an der Stelle des grünen Bündner Schiefers erscheint. Ich kann mich dabei auf die Thatsache stützen, dass auch anderorts im Gebiete der grauen Bündner Schiefer, am Brennhof bei Nufenen im Hinterrheinthale, ein Lager von grünem Gneiss auftritt, das in allen wesentlichen Merkmalen mit dem Roflagneiss übereinstimmt.

G. Theobald, 1866 gibt auf Taf. I, Fig. 2 von Campsut zum Weisshorn ein ganz anderes geotektonisches Bild derselben Stelle. Er nimmt drei Emporwölbungen von Gneiss und ebenso viele Züge jüngerer Gesteine an. Ich kann dieser Auffassung durchaus nicht beistimmen.

Escher und *Studer,* 1839, Geologische Beschreibung von Mittelbünden, stellen dieselbe Gegend Taf. IV, Fig. 2 von Isola im Liro-Thal bis zum Averser Weisshorn dar. Sie nehmen hier gar keine Sattel- und Muldenbildung an.

Jedenfalls bedarf diese Gegend noch einer eingehenderen Bearbeitung. Die Abdachung im Osten vom Weisshorn (Blatt XX) habe ich nicht kennen gelernt und der hier dargestellte Theil des Profils ist nur auf's ungefähr gegeben.

Das Averser Weisshorn stellt nach *Escher* und *Studer* eine gewöhnliche Einlagerung dar, nach *Theobald* eine Mulde, nach meiner Auffassung einen Sattel. So weit gehen hier die Meinungen der bisherigen Beobachter auseinander.

Die Mächtigkeit des Kalk- und Dolomitlagers mag zwischen Crot, Campsut und Platten mindestens 300 oder 400 Meter betragen.

Schwer ist es, über das Altersverhältniss der obersten Lager des Glimmerschiefers bei Crot und Campsut zu urtheilen. Sie sind zum Theil grünglimmerig und gneissähnlich, führen auch Lager von weissem Quarzfels, der den Eindruck verkieselter Kalklager macht, und sind vielleicht ein Aequivalent des bald im Norden von da anhebenden Roflagneisses. Auf Karte XIX habe ich diese Gesteine als Glimmerschiefer eingetragen, da es abwärts nicht möglich ist, sie von ächtem Glimmerschiefer zu scheiden. Auf Profil 16 sind sie zwischen Glimmerschiefer und Triaskalk als „Verrucano-Aequivalent" ausgehalten, um ihre problematische Stellung anzudeuten.

Taf. VI, Fig. 17. Entblössung an der Poststrasse zwischen Riva und Novate an der Ostseite des Lago di Mezzola.

Ein Block von schwarzem Hornblendefels ist in Granit eingeschlossen. Derselbe Aufschluss wiederholt sich mehrfach auf der Westseite des Sees bei der Kapelle San Fedele. Der Granitzug verläuft im Streichen des Gneissgebirgs (Südwesten in Nordosten), aber die schollenweise Einstreuung fremdartiger Gesteine deutet auf eine Gangbildung, die vielleicht von eruptiver Entstehung ist. Vergleiche oben Seite 7 und 34.

Taf. VII, Fig. 18. Profil von Samolaco und Menarola bis Alp Servizio, westlich von Campodolcino, Oberitalien.

Das Profil bildet die nördliche Fortsetzung von Nr. 10, Gravedona und Livo. Es stellt die Ueberschiebung des Tessiner Massivs durch das Liro-Massiv dar. Die Achse des letzteren besteht aus dem 4 Kilometer breiten Gneisszug von San Antonio, Val del Drogo. Er ist als ein nach Norden fallender Sattel zu betrachten, an den im Norden und im Süden ein Glimmerzug sich anschliesst. Der zum Tessiner Massiv bei Samolaco zählende Theil zeigt nur Gneiss.

Taf. VII, Fig. 19. Profil über Mogno und Alp Mognola im oberen Val Maggia, Kanton Tessin.

An der Ostseite des oberen Val Maggia, 2 Kilometer östlich von Mogno, in 2002 Meter Meereshöhe, liegt der 200—300 Meter breite Mognolasee auf einer flachen Abstufung des Gebirgs. Das Seebecken ist gegen Westen von einem unvollständigen niederen Kranz von festem Fels (Glimmerschiefer) umgeben und auf diesen legen sich ansehnliche, um 15—16 Meter und darüber den Seespiegel überragende Wälle von groben eckigen Felsblöcken, die zusammen eine Stirnmoräne darstellen. Im Nordosten darüber am Fuss des Pizzo Ganna gibt das topographische Blatt Nr. 507 noch jetzt einen kleinen Gletscher an. Vergleiche oben Seite 23.

Den Mognolasee deute ich als Ausschleifungssee, entstanden durch ungleiche Wirkung des darüber hingleitenden Gletschers, der eine festere Gesteinsbank, die jetzt den Seeriegel darstellt, minder stark abtrug. Die Stirnmoräne des Gletschers ist jünger als die Ausschleifung des Beckens und die Gestaltung des Riegels.

Taf. VIII, Fig. 20. Synklinalen und Antiklinalen im Gneiss der Gegend von Locarno und Bellinzona, Kanton Tessin.

Der Gneiss bildet in dem ausgedehnten Tessiner Massiv von Craveggia und Locarno an bis Biasca, Grono und Bellinzona eine Anzahl von Synklinalen, Antiklinalen und ohne Zweifel auch Isoklinalen, zu deren vollständiger Darlegung die bisherige geologische Aufnahme aber noch nicht ausreicht.

1. Von Ronco bis Ascona herrscht steiles nördliches Fallen. Ebenso in Centovalli. Zwischen beide Zonen eingeschaltet liegt aber das Vorkommen jüngerer Gesteine (Glimmerschiefer und grüner Schiefer) von Arcegno und Losone bei Locarno. Ihr Ausbiss endet schon zu Losone, aber vielleicht streichen die jüngeren Schichten unter alluvialer Decke noch eine kleine Strecke weiter in Osten fort. Man kann hier eine Isoklinale vermuthen, deren Mediane steil in Norden fällt und die als Grenze des Tessiner Massivs gegen das südlich vorliegende Seegebirge aufzufassen ist. Sie zeichnet vielleicht bei Locarno dem

westnstlich verlaufenden Thal des Tessin seine Richtung vor, wobei die Schichtenstellung streckenweise antiklinal wird.

2. Eine Synklinale verläuft von Westsüdwesten nach Ostnordosten über Segna und Calascio zwischen Centovalli und Onsernone und erreicht bei Avegno das Val Maggia. Die Schichten fallen 60, 70, 80° einander entgegen. Ueber diese Synklinale gibt das Profil von Craveggia, Taf. II, Fig. 6, Auskunft. Ich gelangte mit der Onsernone-Strasse von Loco und Crana bis Comologno (Blatt XVIII) und von da auf einem schmalen Fusspfad nach Bagni di Craveggia, 1012 Meter Meereshöhe, in dem hier breit ausgeebneten Thalweg des Onsornone auf piemontesischem Gebiet, an welches hier das Tessiner Gebiet dicht am Bade anstösst. Zu Bagni di Craveggia war ich in einem entlegenen Gebirgswinkel, aus welchem ich nur auf piemontesischem Gebiet über den Passo del Sassone (gegen 2000 Meter Meereshöhe), Stadt Craveggia und Malesco einen Ausweg finden konnte. Diese Gebirgsüberquerung ergab folgende Verhältnisse. Von Bagni di Craveggia im Süden bis zum Passo del Sassone herrscht flachliegender Gneiss, flach in Süden fallend. Vom Passo del Sassone in Süden bis zum Abhang über Stadt Craveggia traf ich ein mächtiges Lager Glimmerschiefer mit Granat und Staurolith, ebenfalls flach nach Süden fallend. Weiter im Süden richten sich die Schichten steil auf. Bei Stadt Craveggia und Giornasco in Piemont herrschen steil stehende Lager von Gneiss mit untergeordneten Schichten von Hornblendeschiefer. Diese Gesteine verlaufen von Craveggia im Ostnordosten durch Centovalli bis Locarno. Es wird daraus klar, dass die Synklinale von Segna und Avegno als Gneissmulde der Einmuldung von Glimmerschiefer in Gneiss von Passo del Sassone entspricht. Es ergab sich damit die Aufgabe, das betreffende in Piemont überquerte Lager auch auf Tessiner Gebiet nachzuweisen. Bei Segna im Südwesten von Loco hoffte ich es zu erreichen, traf hier aber nur Geschiebe von Glimmerschiefer, die erweisen, dass das Lager nicht weit von da ansteht. Vielleicht hätte ich es weiter im Westen bei Corte Nuovo erreicht, aber dazu fehlte es an Zeit. In Centovalli traf ich es nicht. Die Aufnahme auf Blatt XVIII wird später den genaueren Aufschluss bringen, der insofern wichtig ist, als er über das Verhalten zwischen Glimmerschiefer-Einmuldung und Gneiss-Synklinale Licht verbreiten muss.

3. Eine Antiklinale in Gneiss verlauft im Norden von Loco aus Westsüdwest in Ostnordost und gegen Avegno zu. Die Schichten fallen mit 70⁰ von einander ab.

4. Eine Synklinale streicht in ähnlicher Richtung, Westnordwest in Ostsüdost, über die Monti di Campo im Norden von Loco, 1080 Meter Meereshöhe, und zieht von da gleichfalls gegen Avegno. Bei Campo stehen die Schichten ziemlich saiger.

5. Eine Lagerungsgrenze anderer Art verläuft bei Crana und Russo im Val Onsernone und lässt sich gegen Nordosten verfolgen.

Auf der einen Seite fällt der Gneiss steil in Süden oder in Norden. Auf ihrer andern Seite flach, aber ebenfalls in Süden oder Norden, mannigfach auf- und abschwebend. Die Lagerungsgrenze scheint das Streichen der Schichten zu überqueren, was allerdings auffallen muss und schwer zu erklären ist.

Ein ähnliches Verhältniss, steiles Fallen in Südwesten in der südwestlicheren, und flaches Fallen in Nordosten in der nördlicheren Gegend, wiederholt sich im Val Verzasca zwischen Brione und Lavertezzo. Man kann beide Stellen durch eine Linie von Crana in Nordosten über Maggia bis Chiosetto, Brione verknüpfen.

Man gelangt damit zu einer Uebereinstimmung mit der *Studer*'schen Linie Crana-Brione, einem Theil der auf der geologischen Uebersichtskarte (*Escher und Studer*)[1] eingetragenen Linie.

Diese *Studer*'sche Linie bleibt vor der Hand, selbst noch in der Erstreckung von Crana über Maggia bis Brione, einigermassen räthselhaft. Es liegt etwas zu Grunde, aber keine Antiklinale, keine Synklinale, keine Isoklinale. Im Südosten steilstehende Schichten, im Nordwesten flacher liegende, oft schwebende Lager.

Es scheint eher, dass in dieser Linie die Schichten des Gneisses im Streichen, gleichviel ob unter nördlichem oder unter südlichem Fallen, sich flach legen, welche Lagerung dann gegen Nordwesten (Cevio u. a. O.) weithin anhält.

---

[1] Geologische Uebersichtskarte der Schweiz. 2. Auflage von *I. Buchmann*.

Wenn diese Linie einer Lagerungsstörung auch vor der Hand noch etwas zweifelhaft bleibt, so ergibt sich doch aus den vier andern, durch das Auftreten im Streichen steiler aufgerichteter Schichten besser markirten Linien eine gewisse Folgerung, die sich bestimmter aussprechen lässt.

Von Stadt Craveggia aus im Ostnordosten und also beiläufig im Alpenstreichen verläuft eine Gruppe von Antiklinalen, Synklinalen und Isoklinalen, die dann beiläufig bei Avegno im Val Maggia convergiren und weiter im Ostnordosten in eine Synklinale zusammengehen, welche letztere über Arbedo und Lumino in das Moësagebiet übertritt und weiter von da im Osten fortsetzt. Jedenfalls aber ist im scheinbar unergiebigen Gneissgebiet von Obertessin künftig noch manche für die Construction des krystallinischen Centralkerns der Alpen und die Ermittelung des Wesens der Massive wichtige Aufgabe zu lösen, für deren Vollendung die bisherige geologische Arbeit noch nicht ausreicht.

Der *Studer*'schen Linie Crana-Brione liegt ein gewisser Betrag bestimmter Beobachtungen zu Grunde, die ich bestätigen muss. Aber wie an dieser Grenze für eine ganze Reihe scharfer Antiklinalen und Synklinalen plötzlich und im Streichen sich eine flache und vielfach schwankende Lagerung einstellen mag, bin ich ausser Stand, näher zu erläutern. Die Erscheinung ist im Grossen und Ganzen zu bestätigen. An den kritischen Stellen aber ist nichts Näheres zu ermitteln, was zur besseren Erläuterung dienen könnte.

Im Südwesten von Crana und Russo glaube ich die *Studer*'sche Linie gegen Craveggia (Piemont) ausziehen zu müssen. Im Nordosten von Brione verliert sie sich gegen die meridian streichenden Schichtenzüge von Val Blegno und der Riviera des Tessin. Vergl. *B. Studer*, Geologie der Schweiz. Bd. I. 1851. S. 229.

Taf. VIII, Fig. 21. Profil durch das Mairathal (Bergell) bei Chiavenna, Oberitalien.

Der Durchschnitt zeigt die Ueberschiebung des Gneisses des Liro-Massivs über die Gesteine des zum Tessiner Massiv von mir gezählten Albigna-Disgrazia-Gebirgs von *G. Theobald*. Er läuft dem Profil Nr. 18 in etwa 3 Kilometer Abstand beiläufig parallel.

Die Reihenfolge beginnt im Süden mit Gneiss. Darüber folgt die Amphibolit- und Lavez-Zone von Chiavenna (Aequivalent des Hornblendegneisses des Veltlins). Darüber Glimmerschiefer und auf diesem der Gneiss des Liro-Massivs.

Weiter im Osten auf Blatt XX legen sich im Glimmerschiefer auch noch vereinzelte Stücke eines Zuges von Kalk und Gyps der Trias an, was auch für das Profil von Chiavenna andeutet, dass der Glimmerschiefer das jüngste Lager darstellt.

Was im Uebrigen die Construction der Einschaltung jüngerer Gesteine zwischen die Gneissmassen beider Seiten des Bergells betrifft, so ist sie ebenso problematisch wie zu Mesocco (Prof. 8), zu Losone (Prof. 9) und an vielen andern Orten. Es liegt eine Einschaltung jüngerer Gesteine zwischen Gneissmassen vor, man kann eine Mulde vermuthen, aber es lässt sich keine klare Construction einer solchen entwerfen.

Taf. VIII, Fig. 22. Felsumrisse der Südwestseite von Val Maggia zwischen Riveo und Someo, Kanton Tessin.

Wo der Gneiss, wie in Val Onsernone, Val Maggia und Verzasca, granitartig wird, nimmt meist eine zur Schichtung nahe senkrecht durchsetzende Klüftung überhand. Das Gestein zerfällt dann in mehr oder minder würfelige Rhomboeder, Säulen oder Tafeln. Liegt der Gneiss flach, so treten in den Felsentblösungen die senkrechten Klüfte des Gesteins in den Vordergrund. Steht der Gneiss saiger, so verlaufen die Querklüfte demgemäss nahezu sölig.

In ausgezeichneter Weise ist letzteres in einem Steinbruch an der Onsernonestrasse zwischen Auressio und Cavigliano zu erkennen. Der Gneiss lagert hier h. 7, 70° in Norden. Aber er zeigt auch eine sölige Zerklüftung. Die Steinbrucharbeiter benutzen diese, um den Stein in söligen Lagen abzuheben. Der Steinbruch gewährt daher auf den ersten Anblick den täuschenden Schein eines sölig lagernden Gesteins. Eine dritte Klüftung in demselben Gestein verläuft h. 1, saiger oder 80° in Westen. Die drei Absonderungen zusammen theilen den Gneiss in mehr oder minder regelmässige rhomboëdrische Trümmer oder rhomboidische Säulen und Tafeln. Dies Gestein ist der ächte feldspathige Tessiner Gneiss, der einem Granit schon sehr nahe steht.

Aehnlich beschreibt Prof. *Studer* den Gneiss bei Auressio, Val Onsernone. (Geologie der Schweiz. Bd. I, pag. 230. Holzschnitt.) Ebenso Prof. *Rütimeyer* die Zerklüftung des Granits an der Teufelsbrücke, Kanton Uri. (Thal- und Seebildung. 1869. S. 18, 19.)

Unsere Fig. 22 gibt die von dem erörterten Wechselverhältniss zwischen Schichtung und Querklüftung bedingten Felsumrisse am rechten Gehänge von Val Maggia etwas oberhalb von Someo. (*B. Studer.* Bd. I. S. 231.)

Taf. IX, Fig. 23. Profil vom Splügenpass über die Suretta und Inner-Ferrera zum Finnell, Kanton Graubünden.

Dieser Durchschnitt fällt beiläufig in die östliche Fortsetzung der beiden durch Val Blegno gelegten Schnitte, Taf. II, Fig. 5 und Taf. III, Fig. 7.

Er zeigt die Lagerung an der Nordseite des Liro-Massivs, Surettagruppe, mit dem an der Nordseite der Massive überhaupt häufigen östlichen Einfallen.

Der hier auf's mächtigste entwickelte Roflagneiss oder grauglimmerige Gneiss ist in Falten mit schiefer Mediane zusammengepresst und auf ihn folgen in drei Züge zertheilt die krystallinischen Kalk- und Dolomitmassen der Trias, die dann im Osten, auf Blatt XX, unter Bündner Schiefer eintauchen.

Wahrscheinlich sind auch die obersten mit Lagern von körnigem Kalk abwechselnden Schichten am Splügenpass noch dem im Hangenden darauf folgenden Roflagneiss oder Verrucano-Aequivalent zuzuzählen. Doch ist darüber schwer zu entscheiden.

Dieser grüne Gneiss mag hier an 1000 Meter Mächtigkeit erreichen. Aber diese mächtige Entwicklung hält nicht nach allen Weltgegenden an. Einige Kilometer weiter im Süden, Profil von Campsut, Taf. 6, Fig. 16, ist der Roflagneiss entweder schon verschwunden oder durch die obere Region des Glimmerschiefers vertreten.

Taf. IX, Fig. 24. Ideal-Profil vom Seegebirge über das Tessiner und Berninamassiv zum Liro-Massiv.

Dieser von Süden in Norden durch drei Massive geführte Schnitt beginnt mit dem nördlichen Flügel des sogenannten Seegebirges beiderseits des unteren Veltlins. Die Grenze gegen das nördlichere Massiv ist genau auzugeben. Sie fällt in die Mediane der bei Dubino erscheinenden in Norden fallenden Mulde von Kalk und Dolomit der Trias. Im Süden von da ist weithin nur Glimmerschiefer entblösst. Es ist anzunehmen, dass in grösserer Tiefe der Hornblendegneiss des Veltlins ebenfalls weiter im Süden anhält und in dem von *B. Studer* beschriebenen Syenit- und Granit-Gebirg von Introbbio im Piovernathale wieder zu Tage ausgeht, worüber auf dem Gebiete von Blatt XXIV zu entscheiden ist.

Von der Triasmulde von Dubino im Veltlin dehnt sich im Norden das meist aus Gneiss bestehende Massiv, welches ich als verbindendes Glied zwischen Tessiner Massiv und Berninamassiv ansehe, *Theobald's* Albigna-Disgrazia-Gebirg, bis zur Triasmulde von Soglio im Bergell aus, wo das Profil das Liro-Massiv erreicht.

Hier liegen gewisse oben schon wiederholt erörterte Schwierigkeiten vor, für die noch eine Lösung zu finden ist. An der Stelle des Hornblendegneisses des Veltlins erscheint im Bergell, meist auf der Südseite und im Westen bis Chiavenna anhaltend, das Lager von Amphibolit, Lavez und serpentinartigen Gesteinen, welches man als Stellvertreter des vorigen betrachten kann. Gleichviel, ob dies angenommen wird, so bleibt immer noch die schwierige Frage zu lösen, wohin dies Lager weiter im Norden wieder anzunehmen ist. Es fehlt im Bergell schon an der Südseite des Liro-Massivs (vergl. auch Taf. VIII, Fig. 21). Ebenso durchweg an der Nordseite desselben Massivs. Im Bergell ist also zwar offenbar eine Muldenbildung zwischen zwei Gneissmassiven vorhanden. Aber sie ist nicht symmetrisch. Zu Losone bei Locarno u. a. O. beobachteten wir ein ähnliches nicht unmittelbar zu erklärendes Verhältniss.

An der Nordseite des Liro-Massivs sehen wir eine reichlichere Schichtenfolge aufgelagert, die bis zum Bündner Schiefer ansteigt. Aber auch hier sind noch alle Gesteine stark metamorphosirt, krystallinisch geworden und ohne erkennbare Fossileinschlüsse.

Diese mächtige Schichtenfolge der Nordseite des Liro-Massivs lässt darauf schliessen, dass von Madris an bis über das Veltlin hinaus bedeutende Abtragungen des Gebirgs stattgehabt haben müssen. Wir können ihren Betrag, ungerechnet die Bündner Schiefer-Formation, auf mindestens 1000 Meter veranschlagen, stellenweise mag er noch viel beträchtlicher gewesen sein. Aber auch der Bündner Schiefer dürfte ehedem eine bedeutende Decke von noch jüngeren Lagern getragen haben, unter deren Schutz er seine krystallinische Beschaffenheit erhielt und die nachmals durch Abtragung wieder entfernt wurden. Daran lassen sich auch noch weitere Schlussfolgerungen anknüpfen. Wir wollen nur der einen gedenken, dass das betreffende Gebiet von Madris an bis über Dubino hinaus, das jetzt in Gipfel von 2000 bis 3000 Meter Meereshöhe ausgeht, während der Secundärperiode unter dem Meeresspiegel lag und namentlich zur Zeit der Ablagerung der heutigen Kalk- und Dolomitmassen ein Meer von ansehnlicher Tiefe beherbergte. Und zwischen die Bildung des Glimmerschiefers und jene Absätze von Tiefseebildungen dürfte noch eine Festlandperiode fallen, die beiläufig der Steinkohlenepoche entsprechen mag. Weiter wollen wir, da uns keine Fossilienfunde unterstützen, die Folgerungen nicht treiben.

Taf. 1.

Fig. 1.

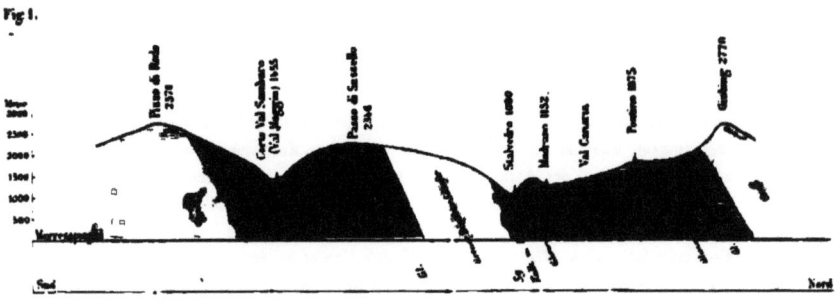

Profil über Stalvedro und Madrano bei Airolo, Canton Tessin.

Fig. 2.

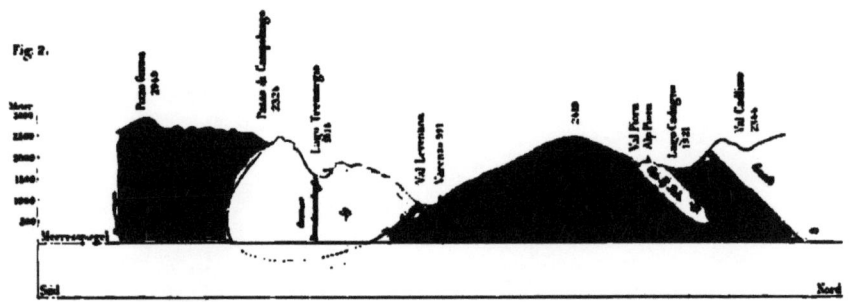

Profil über Passo di Campolungo, Val Leventina und Val Piora, Canton Tessin.

Fig. 3.

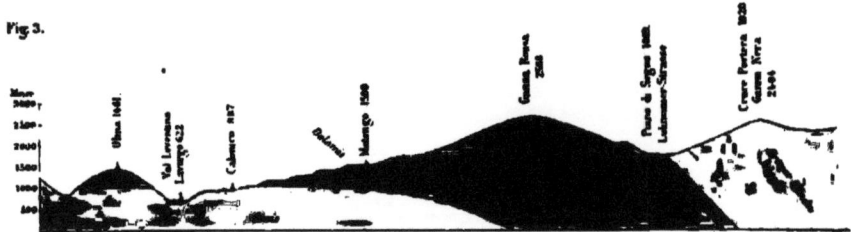

Taf. II.

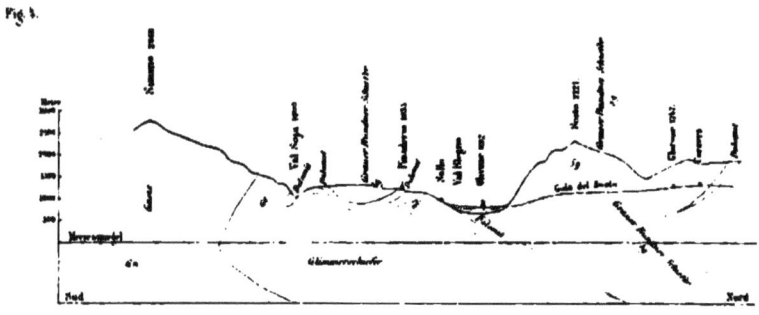

Fig. 4.

Profil über Olivone, Val Blegno, und Ghirone (Val Camadra) Canton Tessin.

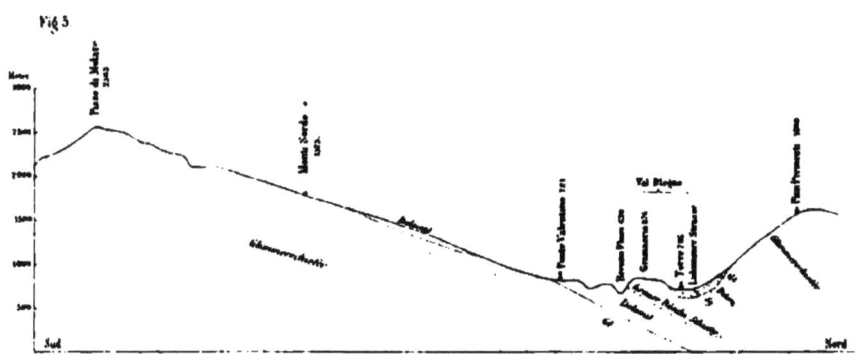

Fig. 6.

Profil über Ponte Valentino und Torre, (Val Blegno) Canton Tessin.

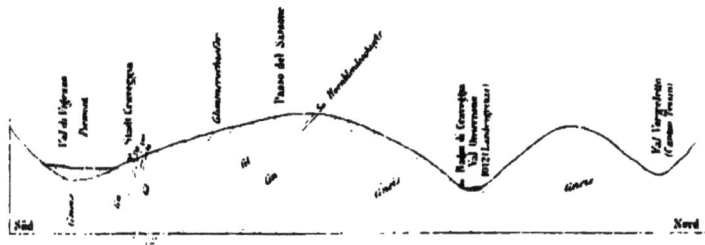

Profil von Stadt Craveggia nach Bagni di Craveggia, Piemont, und Val Vergeletto, Canton Tessin.
(Dufour Atlas, Blatt XVIII)

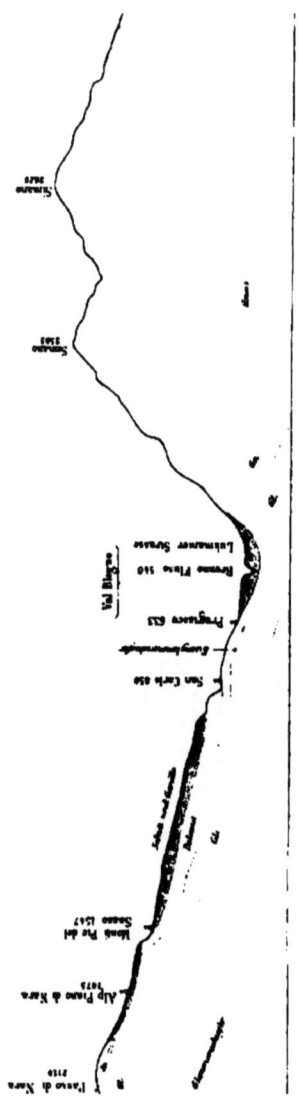

Profil von Passo di Nara über Val Blegno in Val Malvaglia. Canton Tessin.

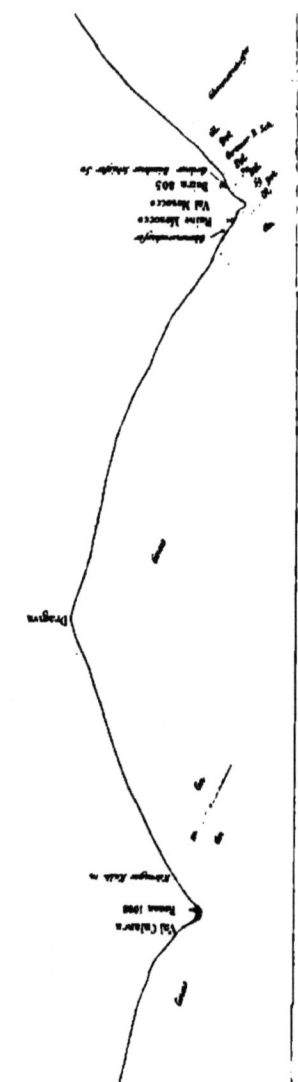

Profil von Rossa in Val Calanca über Mesocco in Val Mesocco. Moësa-Thal. Canton Graubünden.

Taf. IV.

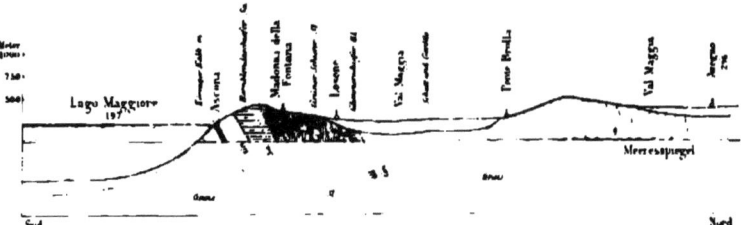

Fig. 9.

Profil über Arcona, Losone und Avegno, Canton Tessin.

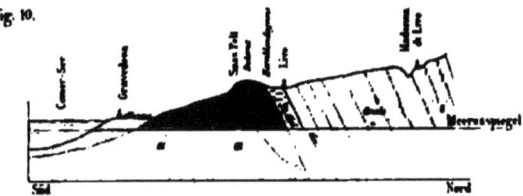

Fig. 10.

Profil über den Comer-See, Gravedona und Livo, Oberitalien.

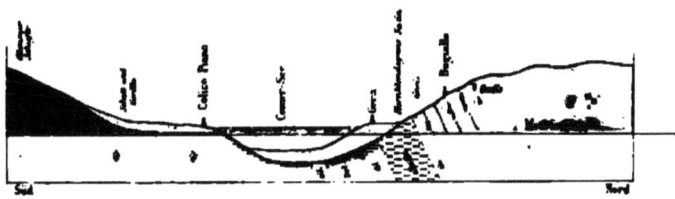

Fig. 11.

Profil über den Comer-See, Colico und Gera, Oberitalien.

Taf. V.

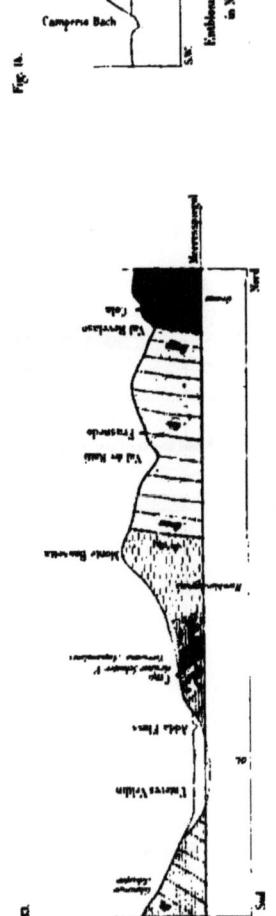

Fig. 16.

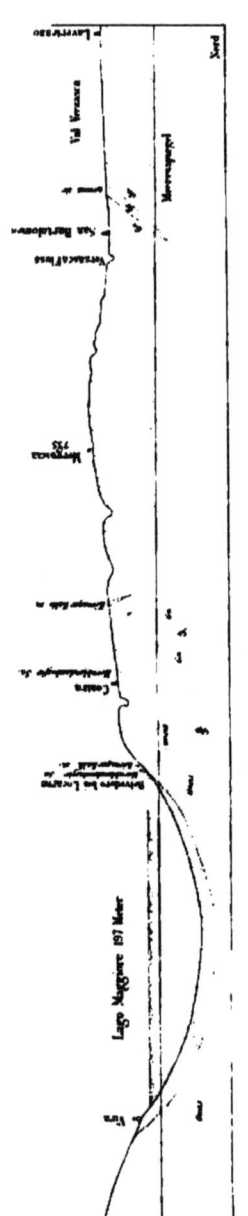

Taf. VI.

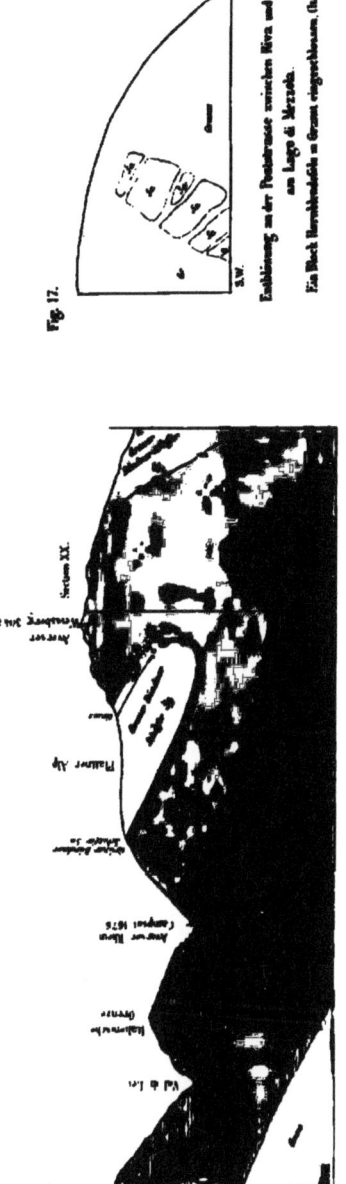

Fig. 17.

Entstehung an der Plattenzone zwischen Riva und Monte am Lago di Mezzola.
Ein Block Horneblendschiefer in Gneiss eingeschlossen. (Italien).

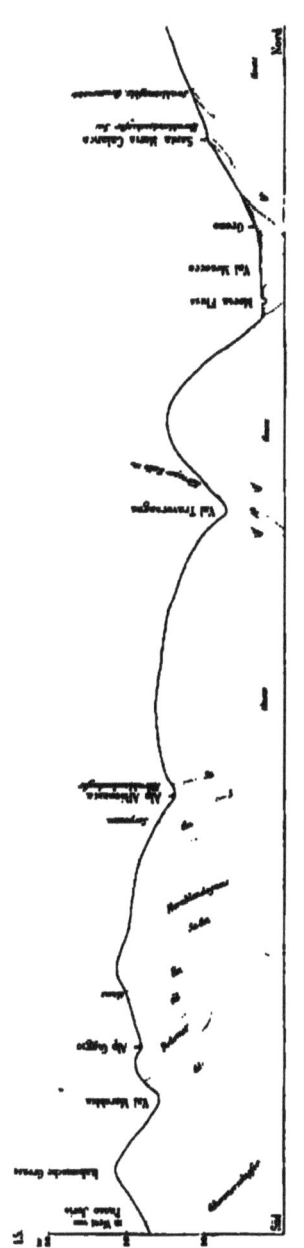

Profil vom Passo Jorio (italienische Grenze) nach Gravos in Val Mesocco (Graubünden)

Profil vom Val di Lei über Campsut zum Averser Weissberg oder Weissborn, Canton Graubünden.

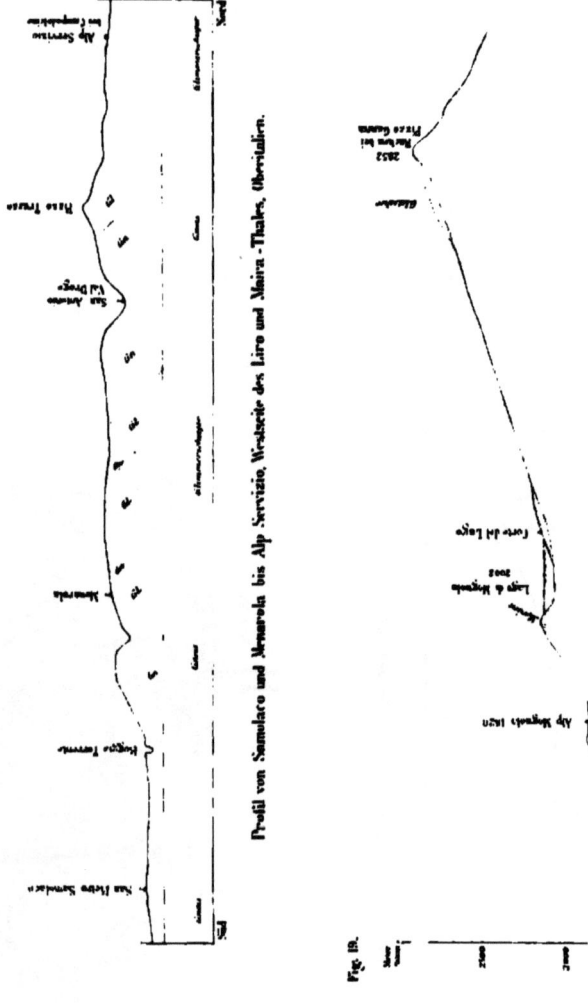

Fig. 20.

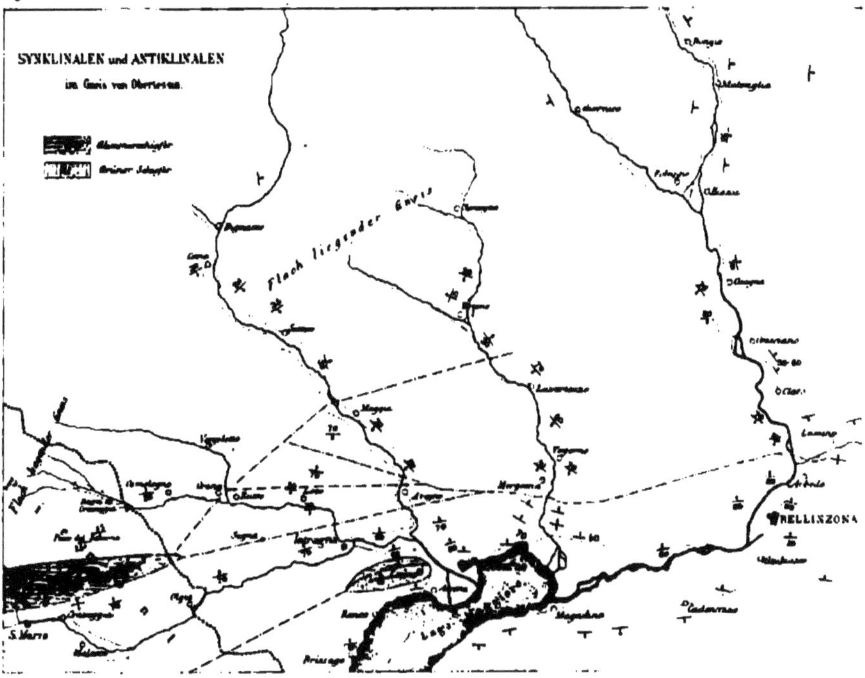

SYNKLINALEN und ANTIKLINALEN
im Gneis von Oberitalien.

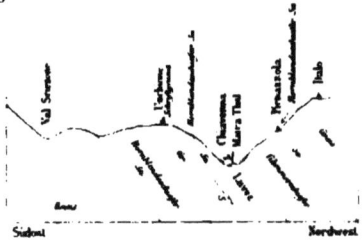

Fig. 21.

Profil über Chiavenna, Maira Thal, Oberitalien.

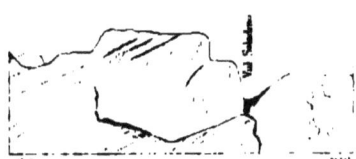

Fig. 22.

Felsumrisse der S.W. Seite von Val Maggia zwischen Riveo und Someo, Canton Tessin.

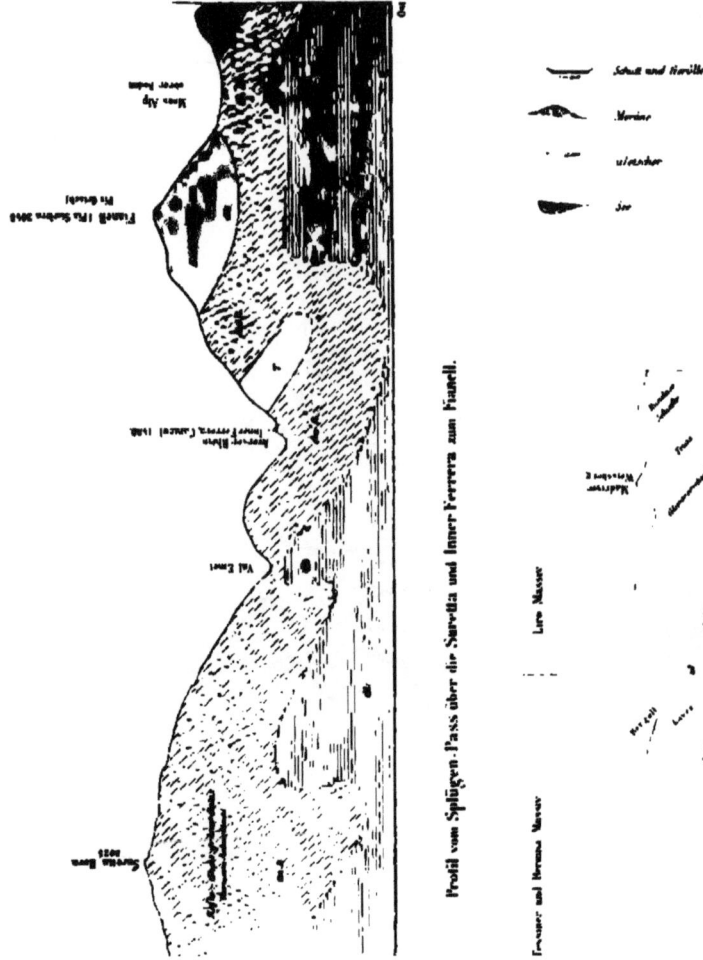